D1478913

1. Bilingual Homilies

BILINGUAL HOMILIES
FOR FEAST DAYS AND OTHER OCCASIONS

Bilingual Homilies for Feast Days and Other Occasions

Rev. Frederick J. Murphy

Translated by
Sr. Margaret P. Young, SND

ALBA · HOUSE NEW · YORK
SOCIETY OF ST. PAUL, 2187 VICTORY BLVD., STATEN ISLAND, NY 10314

Library of Congress Cataloging-in-Publication Data

Murphy, Frederick James.
Bilingual homilies for feast days and other occasions / Frederick J. Murphy.
p. cm.
English and Spanish
ISBN 0-8189-0622-7
1. Fasts and feasts — Catholic Church — Sermons. 2. Catholic Church — Sermons. 3. Occasional sermons. 4. Sermons, English. 5. Sermons, Spanish. I. Title.
BX1756.M79B55 1992
252'.6—dc20 91-40302
CIP

Produced and designed in the United States of America by the Fathers and Brothers of the Society of St. Paul, 2187 Victory Boulevard, Staten Island, New York 10314, as part of their communications apostolate.

ISBN: 0-8189-0622-7

Printing Information:

Current Printing - first digit 1 2 3 4 5 6 7 8 9 10

Year of Current Printing - first year shown

1992 1993 1994 1995 1996 1997

Contents

Introduction

Two verses in the Acts of the Apostles capture the delight of the pilgrims in Jerusalem at the first Pentecost, as they witnessed a charism marvelously given at the time of the Church's birth:

> Amazed and astonished, they asked,
> "Are not all these who are speaking Galileans?
> And how is it that we hear, each of us,
> in our own native language?"
> (Acts 2:7-8)

We are less than a decade away from the Third Millennium of Christianity. It is inspiring indeed to witness anew the pastoral zeal of those who have acquired additional languages to be able to preach to the new peoples who long to hear the Word of God in their native tongue.

In a beautiful passage in the *Imitation of Christ*, we read that there are "two tables, one on this side and one on that, in the treasure house of holy Church. One is the table of the holy altar, having the holy bread that is the precious body of Christ. The other is the table of divine law, containing holy doctrine that teaches all the true faith and firmly leads them within the veil, the holy of holies."

As the General Introduction of the Roman Missal makes clear, the homily is an integral part of the liturgy and a necessary source of nourishment for the Christian faith. That document also states unmistakably that the homilist "should keep in mind the *mystery* that is being celebrated and the *needs* of the particular community" which is being served.

I warmly welcome this collaborative effort of two seasoned scholars who have labored for decades in our archdiocesan seminary in Brighton, St. John's Seminary. Rev. Frederick J. Murphy, presently the Rector of Holy Cross Cathedral in Boston and formerly Dean of the seminary college and professor of Classical Languages and the History of Religions, conceived and drew upon his years of preaching weekends to a suburban congregation outside of Boston. He has also regularly celebrated the Eucharist for an inner-city Spanish-speaking congregation. He welcomes here the expertise of a faculty colleague, Sister Margaret Pauline Young, sister of Notre Dame de Namur, former Chair of Romance Languages at Emmanuel College in Boston, and more recently professor of Latin, Spanish and Portuguese at St. John's Seminary.

I pray that efforts like this one will help both fledgling and bilingual homilists make their own the words of Isaiah: "The Lord God has given me the tongue of those who are taught that I may know how to sustain with a word" all of God's peoples.

Bernard Cardinal Law
Archbishop of Boston

BILINGUAL HOMILIES FOR FEAST DAYS AND OTHER OCCASIONS

1

Feast of the Immaculate Conception

In February and March of 1858, Our Lady appeared many times to Bernadette Soubirous in the village of Lourdes, France. On the feast of the Annunciation she identified herself to the young girl in the local patois: "Que soy era Immaculada Councepsiou," words which Bernadette always had trouble pronouncing correctly. The date was four years after the solemn definition of the dogma by Pope Pius IX. In addition to this most famous of all Marian apparitions, Mary also appeared as the Immaculate Conception at Guadalupe outside Mexico City in 1531. Her words at that time to the Aztec Indian convert Juan Diego were: "I am your merciful mother; yours, and all those who live united in this land; and of all other peoples who are my loving ones, who cry to me, who seek me, and who trust in me."

It is the faith of the Church that Mary was never without grace. From the first moment of her existence she was a temple of the Holy Spirit, conceived as had been our first parents in a state of most intimate union with God. Mary was the only one to be exempt from the stain of original sin that had fallen on the whole human race. She was never under the power of the serpent whose head she was to crush in bearing the Redeemer, and under whose heel Satan suffered his first complete defeat (Genesis 3:15). As the new Eve who was to be the mother of the new Adam, she was conceived sinless "by the singular grace and privilege of the Omnipotent God, in virtue of the merits of Jesus Christ, Savior of the human race" (Decree *Ineffabilis Deus*).

One of the most beautiful of the prayers the Church addresses to Our Lady is the Litany of Loreto. Many are the stunning invocations contained in that ancient litany: House of Gold, for example, or Mirror of Justice, Seat of Wisdom, Cause of our Joy. We know, of course, that Mary is not the Wisdom or the Justice or the Gold, but she is the Seat of Wisdom, the Mirror of Justice, the House of Gold. She was not a martyr, or a confessor, or a prophet, but she is Queen of martyrs, Queen of prophets, Queen of confessors.

She is also addressed in that Litany as the Ark of the Covenant. The Ark, of course, was built in the Sinai wilderness to house the Tablets of the Law, Aaron's Rod, and the Manna. It was built in a very special way: of precious acacia wood with gold overlay (cf. Exodus 25). Its purpose was to remind the people of the covenant, and to serve as a place where God could manifest himself in a visible manner to them. They were to carry the Ark with them wherever they went, and treat it with the greatest reverence. Mary is fittingly called by us the Ark of the Covenant, of the New Covenant, inasmuch as she carried in her immaculate womb Jesus who was to be the Bread of Life, the new Manna, the source of a new priesthood and of a new law of love.

The Office for December 8 is rich in hymns and antiphons in praise of Mary. From the Office of Readings (cf. Judith 15:9-10):

> You are the honor, you are the glory of our people,
> holy Virgin Mary,
> You are the glory of Jerusalem, holy Virgin Mary.
> You are the greatest joy of Israel, holy Virgin Mary.
> You are the highest honor of our race, holy Virgin Mary.
> May you be blessed by the Lord most high, holy Virgin Mary.
> Now and for all ages without end, holy Virgin Mary.
> Give praise to God in the Church, and to Christ, holy Virgin Mary.

1

Fiesta de la Inmaculada Concepción

En febrero y marzo del año mil ochocientos cincuenta y ocho, nuestra Señora se le apareció varias veces a Bernadette Soubirous en el pueblo de Lourdes en Francia. En la fiesta de la Anunciación se le identificó a la joven diciendo en el dialecto de la región: "Que soy era Immaculada Councepsiou," palabras que Bernadette siempre tenía dificultad para pronunciar correctamente. Estas apariciones ocurrieron cuatro años después de la definición solemne del dogma por el Papa Pío Nono. Además de ésta, la más famosa de las apariciones marianas, María también se le apareció como la Inmaculada Concepción en Guadalupe, en las afueras de la Ciudad de Méjico, en mil quinientos treinta y uno. Por aquel entonces, sus palabras al azteca convertido eran: "Yo soy tu piadosa Madre, la tuya y la de todos los que viven unidos en esta tierra; y la de todos los otros pueblos que me amen, que me invoquen, que me busquen y que en mi confíen. Aquí oiré sus llantos y tristezas para remediar y aliviar sus tantas dolores, necesidades y miserias."

Es la fe de la Iglesia que María nunca estuvo sin gracia. Desde el primer momento de su existencia, fue templo del Espíritu Santo, concebida, como lo fueron nuestros primeros padres, en estado de unión íntima con Dios. Por un privilegio no concedido a ningún otro ser humano, María fue preservada de la mancha del pecado original que había caído sobre toda la raza humana. Nunca se estuvo bajo el dominio de la serpiente cuya cabeza había de aplastar al dar a luz al Redentor. Bajo su pie Satanás sufrió su primera derrota. Como la nueva Eva que había de ser la madre del nuevo Adán, ella fue concebida sin pecado "por gracia y privilegio singulares del Dios Omnipotente, en virtud de los méritos de Jesucristo, Salvador del género humano" (Bula *Ineffabilis Deus*).

Una de las oraciones más bellas que la Iglesia dirige a Nuestra Señora es la Letanía de Loreto. Esta letanía antigua contiene muchas invocaciones bellísimas: Casa de Oro, por ejemplo, o Espejo de la Justicia, Sede de la Sabiduría, Causa de nuestra Alegría. Sabemos, por supuesto, que María no es la Sabiduría ni la Justicia ni el Oro; pero sí que es la Sede de la Sabiduría, el Espejo de la Justicia, la Casa de Oro. Ella misma no fue mártir ni apóstol ni profeta; pero es Reina de los Profetas, Reina de los Apóstoles, Reina de los Confesores.

Aquella letanía también la llama el Arca de la Alianza. El Arca, por supuesto, fue construida en el desierto del Sinaí para guardar las Tablas de la Ley, el cayado de Aarón, y el Maná. Fue construida de manera muy especial: de la preciosa madera de la acacia y recubierta de oro puro por dentro y por fuera (cf. Exodo 25). Fue destinada a recordarle al pueblo la Alianza y a servir de lugar desde donde Dios había de manifestárseles de manera visible. Habían de llevar consigo el Arca por dondequiera que fueran y de tratarla con suma reverencia. Es muy apropiado que llamemos el Arca de la Alianza a María, el Arca de la Nueva Alianza, porque llevó en su seno inmaculado a Jesús que había de ser el Pan de Vida, el Nuevo Maná, la fuente de un nuevo sacerdocio y de una nueva Ley de Amor.

El Oficio de ocho de diciembre nos proporciona unos himnos y antífonas maravillosas en alabanza de María. El Oficio de Lecturas (cf. Judit 15, 9-10) dice:

Eres el honor, eres la gloria de nuestro pueblo, santa Virgen María.
Eres la gloria de Jerusalén, santa Virgen María.
Eres la suma alegría de Israel, santa Virgen María.
Eres el orgullo de nuestra raza, santa Virgen María.
Que el Señor Omnipotente te bendiga, santa Virgen María.
Alaba a Dios en la Iglesia y en Cristo, santa Virgen María.
¡Eres del todo bella, María, y no hay en ti mancha original!

2

Our Lady of Charity of Cobre, Cuba

It is a step back into the past to read Thomas Merton's *The Seven Storey Mountain*, the story of his search for faith and peace written when he was in his early twenties. In it, he describes his visit to Cuba in 1940, specifically to make a pilgrimage to the shrine of Our Lady of Cobre. Merton describes the harrowing bus trip from Havana east through the sugar-cane fields to Camagüey and Santiago and finally Cobre. In Camagüey, he found in the church of La Soledad, Our Lady of Solitude "a little dressed up image up in a shadowy niche: you could hardly see her ... One of my big devotions, and you never find her, never hear anything about her in this country, except that one of the old California missions was dedicated to her." Continuing his journey, he saw the yellow Basilica of Our Lady of Cobre, "standing on a rise above the tin roofs of the mining village in the depths of a deep bowl of green, backed by cliffs and sheer slopes robed in jungle."

> There you are, Caridad de Cobre! It is you that I have come to see; you will ask Christ to make me His priest, and I will give you my heart, Lady: and if you will obtain for me this priesthood, I will remember you at my first Mass in such a way that the Mass will be for you and offered through your hands in gratitude to the Holy Trinity, Who has used your love to win me this great grace.

The next morning Merton visited the Basilica itself. "There, facing me, in the little shrine, was La Caridad, the little cheerful, black Virgin, crowned with a crown and dressed in royal robes, who is the Queen of Cuba." He goes on to tell how he knelt before La Caridad and made his prayer and made his promise, though "he went away without having a chance to say all that he wanted to say to La Caridad or to hear much from her."

Merton gives us a wonderful glimpse into the Catholic life of Cuba of half a century ago, long before Castro and communism destroyed almost every vestige of religious life on the island. During what he described as "one of those medieval pilgrimages that was nine-tenths vacation and one-tenth pilgrimage," he came to appreciate that you need "the atmosphere of French or Spanish or Italian Catholicism before there is any possibility of a complete and total experience of all the natural and sensible joys that overflow from the Sacramental life." He sensed he was living "like a spiritual millionaire," getting up early in the morning in Havana and walking out into the warm sunny street and finding his way quickly to any one of a dozen churches, new churches, or as old as the seventeenth century. Almost as soon as he went in the door he could receive Communion if he wished, for a priest came out with a ciborium filled with Hosts before Mass and during it and after it — and every fifteen or twenty minutes a new Mass was starting at a different altar. Everywhere he turned, there was someone ready to feed him "with the infinite strength of the Christ who loved me, and Who was beginning to show me with an immense and subtle and generous lavishness how much He loved me."

He also describes how he would listen "to the harmonious sermons of the Spanish priest, the very grammar of which was full of dignity and mysticism and courtesy. After Latin, it seems to me there is no language so fitted for prayer and for talk about God as Spanish: for it is a language at once strong and supple, it has its sharpness, it has the quality of steel in it, which gives it the accuracy that true mysticism needs, and yet it is soft, too, and gentle and pliant, which devotion needs, and it is courteous and suppliant and courtly."

We need to offer our fervent prayers to La Virgen de la Caridad del Cobre that the extraordinary Catholic heritage of that betrayed land will once again experience the full flowering of its religious life, and that another generation will come to experience what Merton did, "a new world of joys, spiritual joys, and joys of the mind and imagination and senses in the natural order, but on the plane of innocence, and under the direction of grace."

2

Nuestra Señora de la Caridad del Cobre, Cuba

Leer *The Seven Storey Mountain (La Montaña de la Siete Terrazas)* de Tomás Merton, es dar un paso atrás al pasado. El libro es el relato de su odisea espiritual en busca de fe y de paz, escrito cuando tenía unos veintitantos años. Entre otras muchas cosas, habla de una visita que hizo a Cuba en mil novecientos cuarenta, especificamente para ir en peregrinación al Santuario de Nuestra Señora del Cobre. Merton describe el viaje penoso en autobús, hacia oriente, por los campos de caña de azúcar, desde La Habana a Camagüey y Santiago y finalmente al Cobre. En Camagüey descubrió la Iglesia de la Soledad, de Nuestra Señora de la Soledad, "una imagencita vestida en un nicho tan sombrío que apenas se le podía ver ... una santa de mi devoción ... pero nunca se le encuentra, nunca se oye hablar de ella en este país, excepto en una de las misiones antiguas californianas dedicada a ella." Poco después de reanudar su viaje, vio la Basílica dorada de nuestra Señora del Cobre "situada en una colina desde donde se divisaban los tejados de zinc de la aldea minera, allá abajo en lo más profundo de una cuenca de verdor, rodeada de peñascos y declives escarpados vestidos de selva."

> ¡Allí estás, Caridad del Cobre! Eres tú a quien yo he venido a ver. Tu le pedirás a Cristo que me haga su sacerdote, y yo te daré el corazón, Señora. Si tú me consigues este sacerdocio, yo me acordaré de ti en mi primera misa, de manera que la misa será para ti y ofrecida con tus manos, en gratitud a la Santísima Trinidad, que se ha servido de tu amor para ganarme esta gracia tan grande.

A la mañana siguiente Merton visitó la Basílica misma. "Allí, delante de mí, en una capilla pequeña estaba la Caridad con su manto regio y su corona de oro, la alegre Virgencita que es la Reina de Cuba." Merton sigue diciendo que se arrodilló ante la Caridad, que rezó y le repitió la promesa formulada el día anterior, aunque "salió sin tener oportunidad de decirle a la Caridad todo lo que quería decir, ni de escuchar mucho de ella."

Merton nos da una vislumbre maravillosa de la vida católica de la Cuba de hace medio siglo, antes de que Castro y el comunismo destruyeran casi todo vestigio de la vida religiosa de la isla. Durante lo que describió como "una de aquellas romerías medioevales que eran nueve décimos vacaciones y un décimo peregrinación," llegó a convencerse de que "se necesita el ambiente de un catolicismo francés, español o italiano, antes de que haya alguna posibilidad de una experiencia total y completa de todas las alegrías, naturales y sensibles, que emanan de la vida sacramental." Sentía que vivía "como un millonario espiritual." Se levantaba temprano y salí al calor de la calle soleada de La Habana, e iba a cualquiera de una docena de iglesias, a una iglesia nueva o a otra antigua, que se remontaba al siglo diecisiete. Luego que había entrado por la puerta, salía un sacerdote con un copón lleno de Hostias, antes de la misa y durante y después de ella, de manera que podía comulgar en seguida si quería, y cada quince o veinte minutos había nueva misa en otro altar. Dondequiera que se volvía, había alguien que estaba para darle de comer "de la fortaleza infinita del Cristo que me amaba y que empezaba a mostrarme con una prodigalidad inmensa, sutil y generosa cuánto El me amaba."

También nos dice cuánto le gustaba "escuchar los sermones armoniosos de los sacerdotes españoles cuya misma gramática estaba llena de dignidad, de misticismo y de cortesía. Después del latín, me parece, no hay ninguna lengua tan adecuada para la oración y para hablar de Dios como el español: porque es a la vez una lengua fuerte y flexible; tiene la agudeza, la cualidad de acero, que le da la precisión exigida por el verdadero misticismo; y sin embargo es también dulce y mansa y flexible, lo que necesita la devoción, y es cortés y suplicante y elegante."

Debemos ofrecerle oraciones fervorosas a la Virgen de la Caridad del Cobre para que la extraordinaria herencia católica de aquella tierra traicionada experimente un pleno florecimiento de su vida religiosa y que otra generación llegue a encontrar lo que descubrió Merton: "un nuevo mundo de alegrías, de alegrías espirituales y de alegrías de la mente, de la imaginación y de los sentidos en el orden natural, pero en el plano de la inocencia y bajo la dirección de la gracia."

3

Our Lady of Guadalupe

Today, if we were in Mexico City, we would be privileged to witness a tidal wave of humanity making its way to the Basilica of Our Lady of Guadalupe. Many would be struggling to approach the shrine on their knees, as a sign of homage and veneration. The tremendous outpouring of affection for Our Lady of Guadalupe is a manifestation of the deep regard the Mexican people have for her, and a response to her own great love for them. The beautiful modern basilica, built alongside the original Spanish-style church, now no longer safe to enter, is the most obvious expression of this love, which also manifests itself in the way the people keep small pictures of the famous Portrait in their homes and in their places of work — even in their taxi cabs!

The origins of this Marian Feast go back to 1531, soon after the Spanish conquest. Our Lady appeared to an Aztec peasant, Juan Diego, his recent baptismal name, and told him she wanted him to go to the bishop and tell him to build a church there in her honor. The bishop refused. Not dismayed, Our Lady repeated her wish, and on the fourth try, gave Juan a tremendous sign. She told him to gather into his burlap cloak the roses which had wondrously bloomed there on the hillside and bring them to the bishop. When Juan released the roses from their simple wrapping, there appeared painted on the material and visible on both sides, the image of Our Lady. To this day, this extraordinary Portrait has defied explanation.

Our Lady appears as a young woman in her teens, with black hair and dark eyes and brown skin, with her head slightly tilted to the left along the line of the center seam. She appears as the Immaculate

Conception. Four kinds of painting technique are used: oil, gum coloring, water color, and tempera. The untreated material, derived from a coarse cactus plant, would normally last twenty years. This material has survived intact for over 450 years, in spite of the way in which it, till recently, has been exposed to the elements, particularly the smoke from votive candles burning before it. Most astonishing is the latest discovery of a reflection in the eyes of the portrait which shows some three people in the room at the moment when the burlap cloak was unfolded by Juan Diego before the reluctant bishop. The eyes acted like a camera recording the instant the event occurred.

We need to hear again the beautiful message which Our Lady gave at that time, and which has forever endeared her, not just to the people of Mexico, but to all who come to her with love and veneration:

> Deeply and intensely do I desire that a temple be raised here. Here I shall show, manifest, and give all my love, my compassion, my help, and my protection to mankind. I am your merciful mother; yours, and all those who live united in this land; and of all other peoples who are my loving ones, who cry to me, who seek me, and who trust in me. Here I shall listen to their weeping and sadness in order to remedy and alleviate their many sorrows, needs, and miseries.

3

Nuestra Señora de Guadalupe

Hoy, si estuviéramos en la Ciudad de México, tendríamos el privilegio de presenciar una oleada de gente abriéndose paso a la Basílica de Nuestra Señora de Guadalupe. Veríamos a muchos, de rodillas, arrastrándose penosamente al santuario, en señal de homenaje y reverencia. La gran efusión de cariño por Nuestra Señora de Guadalupe manifiesta la veneración profunda que siente por ella el pueblo mexicano, y corresponde al gran amor que ella ha mostrado para con ellos. La magnífica basílica moderna, erigida al lado de la antigua iglesia de estilo español en la cual ya no se puede entrar sin peligro, es la expresión más evidente de este amor, un amor manifestado también por las innumerables reproducciones del cuadro famoso que adornan los hogares, los lugares donde trabajan y hasta los taxis de los mexicanos.

Los origenes de esta fiesta mariana se remontan al año mil quinientos treinta y uno, a la época poco después de la conquista de México por los españoles. Nuestra Señora se le apareció a un campesino recién convertido, cuyo nombre de pila era Juan Diego. La Señora le mandó que fuera al obispo y que le dijera, de parte de ella, que hiciera erigir una iglesia en su honor en el sitio donde se había aparecido. El obispo, dudoso de la autenticidad del mensaje, se lo negó. Sin desalentarse, la Señora reiteró su deseo dos, tres, cuatro veces. La última vez le dio a Juan Diego una señal extraordinaria. Le dijo que recogiera en su capa de cáñamo que llevaba anudada sobre un hombro, unas rosas que habían florecido de modo milagroso en la cuesta de la colina y que se las llevase al obispo. Cuando Juan Diego abrió la capa y dejo caer las rosas ante el obispo, apareció pintada en la tosca materia, visible también en el reves de ella, la imagen de la Santísima Virgen. Hasta el día de hoy, nadie ha conseguido explicar este retrato extraordinario. Nuestra Señora está representada como una joven adolescente, de pelo y ojos negros, de tez morena. Tiene la cabeza uno poco inclinada a la izquierda, a lo largo de la costura central. Representa la Inmaculada Concepción. La pintura parece revelar cuatro tipos de técnica: color al oleo, color a la goma, acuarela y tempera. La materia de la capa, tejida de las fibras toscas del cacto sin preparación especial, normalmente duraría unos veinte años. Pero esta capa con la pintura milagrosa ha sobrevivido intacta más de cuatrocientos cincuenta años a pesar de haber estado expuesta a los elementos, especialmente al humo de las velas votivas encendidas delante de ella. Aún más asombroso es el último descubrimiento: se hallan reflejadas en los ojos del retrato las tres personas que estaban en el cuarto en el momento cuando fue desdoblada la capa ante el obispo atónito. Los ojos funcionaron como una cámara en el momento del acontecimiento milagroso. Necesitamos escuchar de nuevo el bello mensaje que les dio Nuestra Señora por aquel entonces y por el cual se ha encariñado con ella para siempre no sólo el pueblo mexicano, sino también todos los que se acerquen a ella con amor y reverencia:

> Deseo vehementemente que se me erija aquí un templo. Aquí mostraré y daré todo mi amor, compasión, auxilio y protección al género humano. Yo soy tu piadosa Madre, la tuya y la de todos los que viven unidos en esta tierra; y la de todos los otros pueblos que me amen, que me invoquen, que me busquen y que en mi confíen. Aquí oiré sus llantos y tristezas para remediar y aliviar sus tantas dolores, necesidades y miserias.

4

Christmas — Children's Mass

Children, why are we here today? Why are we at this Mass?

How many of you have already received Christmas presents and gifts? When did you get these gifts? Who gave them to you?

Giving and receiving gifts at Christmas is a nice thing to do. You show your love for your parents; they show their love for you. The same is true for your grandparents, your aunts and uncles, your brothers and sisters.

Now, did you thank those who gave you presents today?

Do you know that you and I, your family, are about to receive the greatest gift of all? Who is it?

Yes, Jesus is our greatest gift. He is our guest today — you and I must invite Jesus into our hearts. Today we are having a Birthday Party for Jesus. Do you have a present for him today? What present would Jesus want, do you think? Not toys or candy or games. What Jesus wants as a gift is you and me.

To make Jesus happy on his birthday, all we have to do is love him always and always be his friend.

So today, you and I, all of us, should thank Jesus for his care and love; and invite him into our lives. Jesus had no place to go when he was born — he had to survive in a cave — and as we celebrate his birthday, you and I can invite Jesus to come to live with us — in our hearts. And Jesus will come if we invite him.

In turn, he will give us the best gift: himself, with his love and care. Remember it's very cold these days and nights. Why not, at this Mass, invite Jesus into the warmth of our hearts?

4

Navidad — Misa de los Niños

¿Niños míos, por qué estamos aquí hoy? ¿Por qué asistimos a esta Misa?

¿Cuántos de ustedes ya han recibido regalos de Navidad? ¿Cuándo recibieron estos regalos? ¿Quiénes se los dieron?

El dar y recibir regalos durante las Navidades es una costumbre muy, muy bonita. Ustedes demuestran su amor por sus padres y ellos dan prueba del amor que sienten por ustedes. Lo mismo se puede decir de sus abuelos, de sus tíos y de sus hermanos.

Ahora bien, a los que les dieron regalos ¿se los agradecieron hoy?

¿Saben que nosotros, ustedes y yo, una familia, estamos para recibir el más grande de todos los regalos? ¿Quién será?

Sí, Jesús es nuestro regalo más grande. Es nuestro huésped hoy, y así es que ustedes y yo debemos invitar a Jesús a que entre en nuestros corazones. Hoy celebramos el cumpleaños de Jesús. ¿Tienen ustedes un regalo para El? ¿Qué tipo de regalo le gustaría a Jesús? ¿Qué les parece? Nada de juguetes, ni de dulces, ni de juegos. El regalo que quiere Jesús somos nosotros, ustedes y yo.

Para hacer feliz a Jesús en su nacimiento, basta que lo queramos para siempre y que seamos para siempre sus amigos.

Así que hoy, Navidad, ustedes y yo debemos agradecerle a Jesús su protección y su amor y pedirle que entre en nuestra vida. Cuando nació

Jesús, sus padres no tenían un lugar para El nacer, y tuvo que nacer en una cueva.

Al celebrar nosotros su nacimiento, podemos invitar a Jesús que venga a vivir con nosotros en nuestros corazones. Si le invitamos, Jesús vendrá.

A su vez El nos dará el mejor regalo, el don de sí mismo con su amor y su protección. Recuerden que en estos días y noches hace mucho frío. ¿Por qué no le invitamos a Jesús a que entre en el calor de nuestros corazones durante esta Misa?

5

Solemnity of Mary, the Mother of God (ABC)

Many Christians are not aware that Moslems venerate Mary as mother of the prophet Jesus, and honor her as a virgin as well (Koran LII, 37-42). Near Izmir (ancient Smyrna) are the ruins of the city of Ephesus, and also the site on the mountain close by believed to be the home of John the Evangelist where Mary spent her last years in his care. It is not unusual to see a Moslem family come to pay their respects to Mary, the mother of Jesus, there on his birthday.

The octave day of Christmas is dedicated to Mary the Mother of God. We recall that Ephesus is important as the city where the great ecumenical council of 431 A.D. proclaimed the dogma that Mary is indeed the Mother of God, the *Theotokos* in Greek, and where the people escorted the bishops home in a torchlight procession as a sign of their jubilant acceptance of the teaching. Jesus is still center stage this day, as we continue to marvel at his birth. Who is this Child that is born to us, we ask? Is he merely another child of a human father and a human mother, or is there something special about him? Today's solemnity tells us that this Child is God, and that his mother is indeed the Mother of God.

Today's solemnity is like one of those familiar Greek icons of Mary holding the Child Jesus in her arms. In these icons we may look at Mary, but she is always showing us her Son. She is presenting her Son to us, and telling us that this child of hers belongs to us — here, take him yourself and hold him. There is a hint of sadness in her eyes, of melancholy often, a sign of sorrow and conflict ahead, a hint of a special reason for his birth, which will soon enough be revealed.

We also venerate Mary as the Mother of the Church, as today's concluding prayer reminds us. We remember what the Second Vatican Council said, as it concluded its document on the Church, *Lumen Gentium*, with a beautiful chapter on Mary:

> By reason of the gift and role of her divine motherhood, by which she is united with her son, the Redeemer, and with her unique graces and functions, the Blessed Virgin is also intimately united to the Church. As St. Ambrose taught, the Mother of God is a type of the Church in the order of faith, charity and perfect union with Christ. For in the mystery of the Church which is itself rightly called Mother and Virgin, the Blessed Virgin stands out in eminent and singular fashion as exemplar both of Virgin and Mother. (63)

"Holy Mary, Mother of God, pray for us sinners, now and at the hour of our death. Amen."

5

La Solemnidad de María, La Madre de Dios

En las cercanías de Izmir (la Esmirna antigua) hay las ruinas de Efeso y también la capilla de la montaña que fue construída sobre los restos de lo que se cree era la casa donde María pasó sus últimos años al cuidado de San Juan Evangelista. No es cosa insólita ver a una familia musulmana venir allí a tributarle honor debido a María, la madre de Jesús, en su cumpleaños.

La octava de Navidad está dedicada a María, la Madre de Dios. Recordamos que Efeso es importante como la ciudad donde el gran Concilio Ecuménico del año cuatrocientos treinta y uno proclamó el dogma que afirma que María es de veras la Madre de Dios (en griego la *Theotokos*) y donde, a la luz de las antorchas, la gente acompañó a casa a los obispos como signo de su aprobación jubilosa de la doctrina. En esta fiesta todo se centra en Jesús y nosotros quedamos maravillados ante su nacimiento. ¿Quién es este Niño que nos ha nacido?, preguntamos. ¿Es solamente otro niño de padres humanos o es que hay algo especial acerca de El? La Solemnidad de hoy nos declara que esta Niño es Dios y que su Madre es de veras la Madre de Dios.

La solemnidad de hoy se parece a uno de esos iconos griegos tan conocidos que representan a María con el Niño Jesús en los brazos. En estos iconos, aunque podamos mirar a María, ella nos está mostrando siempre a su Hijo. Nos presenta a su Hijo como si nos estuviera diciendo que este Niño suyo es nuestro. "Aquí lo tienen. Tómenlo y téngalo en los brazos." En los ojos de ella hay una sombra de tristeza, de melancolía, a menudo presagio de dolor y conflicto venideros, sutil señal de un motivo especial para su nacimiento ... motivo que bastante pronto se revelará.

También veneramos a María como Madre de la Iglesia, como nos recuerda la oración final de la liturgia de hoy. Recordamos lo que dijo el Segundo Concilio Vaticano al terminar su documento sobre la Iglesia, *Lumen Gentium*, con un capítulo hermoso sobre María:

> La Virgen Santísima, por el don y la prerrogativa de la maternidad divina, con la que está unida al Hijo Redentor, y por sus singulares gracias y dones, está unida también íntimamente a la Iglesia. La Madre de Dios es tipo de la Iglesia, como ya enseñaba San Ambrosio, a saber, en el orden de la fe, de la caridad y de la perfecta unión con Cristo. Porque en el misterio de la Iglesia, que con razón también es llamada virgen y madre, la Santísima Virgen María la precedió, mostrando en forma eminente y singular el modelo de la virgen y de la madre.

"Santa María, Madre de Dios, ruega por nosotros pecadores, ahora y en la hora de nuestra muerte. Amén."

6

Epiphany

It used to be the custom not to put the Wise Men out at the Nativity crib until the Feast of the Epiphany itself. Now the practice seems to be to put the Wise Men out at the very beginning, with everyone else. In any event, with today's celebration the cast of characters involved in the Christmas event is complete. Now we can say that everybody's here. There are the parents and the shepherds, the kings from the East, and some angels hovering around. All creation is represented. All walks of life, too, from carpenters to kings. There are Jews and Gentiles. It is a wonderful image of the Church in her universality. The typical congregation today is also likely to represent the Church in her universality. Grouped around the altar today will be people from all walks of life, from many different ethnic groups.

Whoever we are, wherever we come from, we must be like the latest arrivals at Bethlehem. We need to be searchers, looking for something that has been missing in our lives, looking for something that the "world" cannot give us. We have been led by something that has attracted us and have followed that light. Like the Wise Men, we must come with a profound humility, ready to offer ourselves in humble service. We must come ready to stand in awe before something greater than ourselves. We must be ready to get down on our knees and we must be open and receptive to what we find. It may not be quite what we expect. We must be prepared for surprises. The Wise Men had to discover their King under the appearance of a newborn child; we have to discover him under the appearance of bread and wine.

Like the Wise Men, we cannot come empty-handed. The gifts we bring must have cost us something. They will be symbolic, of course, of the much larger offering of ourselves and our talents and our lives in the service of the Lord. The bread and wine which we are about to offer in this sacrifice must be symbols of the surrender of ourselves to the Lord.

Like the Wise Men, our search must be a journey that takes us away from comfortable surroundings and puts us on the road to somewhere else. We can't expect things to be the same as they were before. Things may have to change. Like the Wise Men, we, too, may very well have to take a different road home, changed by the Epiphany experience.

6

Epifanía

En el pasado no era costumbre poner en el pesebre a los Reyes Magos hasta la fiesta de la Epifanía. Ahora parece que lo corriente es colocarlos allí desde el principio. Sea como sea, para la celebración de hoy el reparto de personajes está completo. Ahora podemos decir que todo el mundo está aquí. Están aquí, alrededor del Niño Jesús, los padres y los pastores, los Reyes del Oriente, unos animales y encima hasta unos angeles. Toda la creación está representada. Hay representantes de todos los niveles de la sociedad, desde carpinteros hasta reyes. Hay judíos y gentiles. El pesebre es una imagen maravillosa de la Iglesia universal. Cualquier grupo típico de los fieles también representa a la Iglesia en su universalidad. Reunida alrededor del altar eucarístico habrá gente de todas las clases de la sociedad, de diversos grupos étnicos.

Quienesquiera que seamos, de dondequiera que vengamos, debemos llegar a Belén como los Reyes — en busca de algo que echamos de menos en la vida — en busca de algo que el mundo no puede darnos. Hemos sido conducidos aquí por algo que nos ha atraído, y hemos seguido aquella luz, aquella estrella.

Como los Reyes, debemos venir profundamente humildes, dispuestos a ofrecernos al servicio de Dios y de los otros. Debemos venir dispuestos a reverenciar a alguien más grande que nosotros, prontos a ponernos de rodillas, prontos y abiertos a aceptar lo que descubramos aunque esto no sea precisamente lo que esperamos. Debemos estar preparados para sorpresas. Los Reyes tuvieron que encontrar a su Rey bajo las apariencias de un niño recién nacido; nosotros tenemos que encontrar a nuestro Rey bajo las apariencias de pan y vino.

Como los Reyes, no podemos venir con las manos vacías. Las ofrendas que traemos deben habernos costado algo. Claro que éstas serán símbolos de la ofrenda más grande de nosotros, de todo lo que somos, de todo lo que tenemos, para el servicio del Señor. El pan y el vino que vamos a ofrecer en este sacrificio deben ser símbolos de la entrega de nosotros mismos al Señor.

Al igual que el de los Magos, nuestro viaje a Belén debe alejarnos de lo cómodo y señalarnos un camino distinto. No podemos esperar que todo siga como antes. Habrá cosas que debemos cambiar. Como los Magos, bien puede ser que tengamos que regresar a casa por otro camino, transformados por la experiencia de la Epifanía ... la Manifestación del Señor.

7

Good Friday

We are so familiar with the crucifix that we sometimes forget that it stands for a particularly cruel method of punishment. We have, in a way, sanitized it. We do not immediately think of the things crucifixion involved: the pain, the thirst, the struggle for breath. The sufferings were incredible. So, too, the anticipation. The Romans contributed to the world many aspects of civilization, but they also gave it slavery and crucifixion. Crucifixion was their favorite system to restrain the population from insurrection or criminal behavior. Beheading was used, too — St. Paul died that way.

We have grown so used
To looking on a crucifix. We've seen
so many crosses, delicate and cut
In ivory, and holding up the white
Christ placed in all proportion...
His head is upright,
And He stands upon a solid ledge
With arms extended, and with dignity.
...We could not bear to see, no more
Than others, older, nearer to His day,
Could bear the naked horror of a cross.
They could not look upon a crucifix
so easily, His first of followers,
They could not look, for in their lifetime, they
Had seen men nailed. Beyond a city gate,
Along a road, they'd seen them; bodies broken,

Stretched and drawn taut upon a stake
And crossbar; nailed to it, and reddened, writhing,
Like a raw scar cut against the sky.

John W. Lynch, *A Woman Wrapped in Silence*, pp. 223-24

Christianity has turned a badge of shame into a symbol of triumph and victory. If we can trust the story, Constantine saw before a crucial battle a cross in the sky and the words: "In hoc signo vinces" — "In this sign you will conquer." In his victory he made Christianity the religion of the Empire — and outlawed crucifixion. Today the crucifix is displayed prominently in the sanctuaries of our churches; it adorns the walls of our homes. We begin each day with the sign of the cross as we say our morning prayers; we bless ourselves with that sign as we take holy water on entering church; we sign ourselves again when the celebrant blesses us at the end of Mass. As we make the Stations of the Cross we say over and over again, "We adore you, O Christ, and we bless you, because by your holy cross you have redeemed the world!"

7

Viernes Santo

Estamos tan acostumbrados a mirar el crucifijo que a veces olvidamos que representa un castigo sumamente cruel. De cierto modo lo hemos idealizado. No pensamos de manera realista en los detalles que abarcaba una crucifixión ... el dolor, la sed, los esfuerzos angustiosos por respirar. Los sufrimientos eran increíbles, igual que la angustia. El mundo le debe a los romanos muchos aspectos valiosos de su civilización; pero ellos también le dieron la esclavitud y la crucifixión. La crucifixión era su sistema predilecto para refrenar a los que estaban dispuestos a la insurrección o a otros actos criminales. También empleaban la decapitación — así murió San Pablo.

> Estamos tan acostumbrados a mirar
> un crucifijo. Hemos visto tantas cruces,
> delicadas, talladas en marfil, que sostienen
> al blanco Cristo, colocado con debida proporción,
> ...erguida la cabeza, apoyados los pies, abiertos
> los brazos y con dignidad ... Como otros, más viejos,
> más próximos a su día, no pudiéramos soportar
> el horror desnudo de una cruz. Aquellos, sus primeros
> seguidores, no podían mirar un crucifijo sin angustia;
> no lo podían mirar, porque, con sus propios ojos,
> habían visto a hombres crucificados. Más allá de la
> puerta de una ciudad, a lo largo de un camino los
> habían visto; cuerpos rotos, extendidos, atiesados,
> en un patíbulo cruciforme, clavados,
> enrojecidos, contorciéndose, como una cicatriz cruda
> cortada contra el cielo.
>
> John W. Lynch, *Una Mujer Envuelta en Silencio*, pp. 223-24

Pero los cristianos hemos convertido en símbolo de triunfo y victoria lo que había sido un signo de oprobio. Antes de una batalla crucial (si se le puede conceder crédito al relato), el emperador Constantino vio en el cielo una cruz con las palabras "In hoc signo vinces" ("Con este signo vencerás"). Después de la victoria que ganó, de acuerdo con lo que le había prometido la visión, Constantino estableció, como culto oficial del Imperio, la religión cristiana y prohibió la crucifixión.

Hoy día el crucifijo tiene un sitio prominente en el presbiterio de nuestras iglesias. Adorna las paredes del hogar. Hacemos la señal de la cruz al empezar nuestra oración de la mañana. Nos persignamos cuando tomamos agua bendita al entrar en la iglesia y salimos de ella santiguándonos cuando el celebrante nos bendice al final de la misa. Cuando hacemos el Viacrucis, decimos repetidas veces: "Te adoramos, oh Cristo, y te bendecimos, porque por tu santa Cruz redimiste al mundo."

8

Ascension Thursday

Today's feast marks the end of the earthly life of Christ as he returns to his Father. This is not just an "in-between" sort of feast; it is an essential part of the Paschal Mystery, which embraces the Passion and Death, Resurrection and Ascension of the Redeemer. It is an integral part of the Apostles' Creed, and of the Nicene Creed. We celebrate the fact that Christ is now at the right hand of the Father, there to intercede for us as our Mediator. We celebrate the definitive acceptance by the Father of the sacrificial death of His only-begotten Son. We affirm joyously that he will come again, just as he was seen ascending to his Father on this day by his chosen disciples.

We celebrate also the day of commissioning. The apostles were sent as Christ had been sent: "As the Father has sent me, even so I send you" (John 20:21). No longer were they to confine their ministry to the "lost sheep of the house of Israel" (Matthew 10:6), but now were to go out to the whole world and make disciples in the name of the Blessed Trinity. This commission falls on all of us who have been baptized in that name. Christ's brief ministry of some three years is extended out in space and time through the ministry of all of us who are his disciples. The long train of faithful witnesses stretches back some two thousand years, and looks courageously to the future since "the harvest is plentiful" (Matthew 9:37).

This is also the day to reflect on our values and priorities. We are followers of one who "emptied himself, taking the form of a servant" (Philippians 2:7) to become one of us; he was born and raised in humble circumstances; as itinerant rabbi he had no permanent home; he suffered a painful death as a condemned criminal, his tomb provided by a friend;

he left no estate. His message as well as his example was the same: "Do not lay up for yourselves treasures on earth, where moth and rust consume ... but lay up for yourselves treasures in heaven ... where your treasure is, there will your heart be also" (Matthew 7:19-21).

As we think of the disciples today gazing up to heaven watching the Lord as he departed, let us remember the words of Paul: "If then you have been raised with Christ, seek the things that are above, where Christ is, seated at the right hand of God. Set your minds on the things that are above, not on things that are on earth" (Colossians 3:1).

8

Fiesta de la Ascensión del Señor

La fiesta de hoy marca el fin de la vida de Cristo en la tierra al volver a Su Padre. Esta no es meramente una fiesta sin importancia. Es una parte esencial del Misterio Pascual, el cual abarca la Pasión y Muerte, la Resurrección y la Ascensión del Redentor. Es parte integral del Credo Niceno y del Credo de los Apóstoles.

Lo que celebramos hoy es el hecho de que Cristo, ahora sentado a la diestra del Padre, intercede por nosotros como nuestro Mediador. Celebramos la aceptación final por el Padre de la muerte en sacrificio de su Hijo Unigénito. Afirmamos con alegría que Cristo vendrá otra vez, así como sus discípulos lo habían visto ascender a Su Padre.

Hoy celebramos también el día en que se les confió a los apóstoles su misión. Se les envió a ellos como se la había enviado a Cristo: "Como me envió el Padre, así os envío yo" (Juan 20, 21). Ya no habían de limitar su ministerio a "las ovejas perdidas de la Casa de Israel" (Mateo 10, 6). Ahora habían de ser testigos del Señor hasta los confines del mundo y de hacer discípulos en el nombre de la Santísima Trinidad. Esta es también nuestra misión, la misión de cuantos hemos sido bautizados en aquel nombre. El breve ministerio de Cristo duró unos tres años. Se prolonga en el tiempo y en el espacio mediante el ministerio de cuantos son sus discípulos. La larga caravana de testigos fieles se remonta unos dos mil años hasta el primer Pentecostés, y espera valientemente el porvenir porque "la mies es mucha" (Mateo 9, 37).

Hoy es también el día indicado para reflexionar sobre nuestros valores y nuestras prioridades. Somos los discípulos de El que "se anonadó a sí mismo, tomando la naturaleza de siervo, haciéndose semejante a los hombres" (Filipenses 2, 7). Nació y fue criado en circunstancias humildes; como rabí itinerante no tenía hogar permanente; sufrió una muerte penosa como criminal condenado; su tumba se la proporcionó un amigo; no dejó propiedad alguna. Su mensaje como Su ejemplo era el mismo: "No atesoreís en la tierra donde la polilla y el gusano corroen ... atesoren más bien en el cielo ... donde está tu tesoro allí está también tu corazón" (Mateo 6, 19-21).

Hoy, al pensar en los discípulos que se quedaron mirando al Señor mientras se iba, acordemonos de las palabras de Pablo: "Si habéis resucitado con Cristo, buscad las cosas de arriba, donde Cristo está sentado a la diestra de Dios. Deleitaos en lo de arriba, no en las cosas de la tierra" (Colosenses 3, 11).

9

St. John the Baptist

There is considerable controversy these days about the lyrics of rock music. Some well-known groups have had their records declared obscene and stores are sometimes reluctant to sell them. It is amazing how easy it is for young people to memorize the lyrics of popular songs — far easier, it seems, than any assignment given in class! And it is a world parents find very difficult to enter. Yet we do not have to go to rock music and its questionable lyrics to find popular songs that convey messages that are not at all Christian, or even moral. Consider two examples: "Love means never having to say you're sorry," from the popular movie *Love Story,* and "I did it my way," the theme song of one of America's singing idols. These two songs express ideals that John the Baptist would never have accepted.

"Love means never having to say you're sorry." John's message was just the opposite! Mark begins his Gospel telling us that "John the baptizer appeared in the wilderness, preaching a baptism of repentance for the forgiveness of sins." In Matthew John cries: "Repent, for the kingdom of heaven is at hand" (3:2), and to the Pharisees and Sadducees he says, "Bear fruit that befits repentance" (3:8; cf. Luke 3:8). The point is that love means you really have to say you're sorry. You do have to ask for forgiveness, not just from God who is offended by sin, but also from anyone you have offended, especially those very close to you. You can never heal something unless you have the honesty to acknowledge your mistake and take responsibility for your actions. All good relationships demand this willingness to apologize. A simple "I'm sorry" can go far to healing the wounds caused by even the slightest insensitivity to others.

"I did it my way." John the Baptist did not do it his way, he did it God's way. John the Evangelist in his Prologue tells us: "There was a man sent from God, whose name was John. He came for testimony, to bear witness to the light." His mission was to point out someone greater than he: "He who is mightier than I is coming, the thong of whose sandals I am not worthy to untie; he will baptize you with the Holy Spirit and with fire" (Luke 3:16). And Jesus, whose herald he was, would proclaim: "Then I said: 'Lo, I have come to do thy will, O God,' as it is written of me in the roll of the book" (Hebrews 10:7). Both men did not do it "their way." They obeyed the will of God who had sent them, even to the point of death for refusing to compromise. Now, "doing it your way" may be part of the spirit of American independence and self-reliance, and that is praiseworthy. But if it stems from a spirit that has no respect for authority, human or divine, then it is to be reproved.

John's message of conversion is drowned out these days by the loud sound coming from modern-day Pied Pipers. The message they would give us, particularly the young, is one of self-indulgence and self-gratification. It has a very seductive appeal. There are also other messages out there which need to be carefully examined to see if they really convey a message that is in harmony with our Faith. The seductiveness of the world can be very subtle indeed.

9

San Juan el Bautista

Hoy en día la letra de la música de Rock ha despertado bastante controversia. Los discos de algunos grupos muy conocidos se han declarado obscenos y hay tiendas que dudan en venderlos. Es asombrosa la facilidad con que los jóvenes aprenden de memoria la letra de unas canciones populares — parece que les resulta mucho más fácil que cualquier tarea que se les da en clase. Es éste un mundo muy difícil para los padres entrar. Sin embargo no tenemos que acudir a la música de Rock y su letra dudosa para encontrar canciones populares cuyo mensaje no es cristiano ni siquiera moral. Pensemos en dos ejemplos: "El amor significa nunca tener que pedir perdón," de la película popular, *Love Story*, y "I did it my way" ("Lo hacía a mi propio modo"), tema de una canción de uno de los cantantes idolatrados de América. Estas canciones expresan ideales que Juan el Bautista no hubiera aceptado "en el jamás de los jamases."

"El amor significa nunca tener que pedir perdón." El mensaje de Juan era completamente distinto. Marcos empieza su Evangelio diciéndonos que "apareció Juan el Bautista en el desierto predicando un bautismo de penitencia para la remisión de los pecados" (Marcos 1, 4). En Mateo Juan clama: "Convertíos porque está cerca el Reino de los Cielos" (Mateo 3, 2), y a los fariseos y saduceos les dijo: "Haced pues, frutos dignos de penitencia" (Mateo 3, 8; cf. Lucas 3, 8). La idea clave es que de veras el amor significa pedir perdón. Se tiene que pedirle perdón no solamente a Dios a quien ofende el pecado, sino también a cualquier persona a quien se ha hecho sufrir, sobre todo a los familiares. Nunca se puede sanar nada a menos que se tenga la honradez de reconocer la culpa y aceptar la responsabilidad por las acciones. Todas las relaciones buenas exigen esta voluntad de pedir perdón. Una sola palabra, "perdón," puede obrar maravillas cuando se trata de sanar las heridas que resultan de la insensibilidad para con los demás.

"Lo hacía a mi propio modo." Juan el Bautista nunca lo hacía como él quería. Siempre lo hacía como Dios quería. San Juan Evangelista nos dice en su Prólogo: "Hubo un hombre enviado de Dios, de nombre Juan. Este vino como testimonio para dar testimonio de la luz" (Juan, 1, 6-7). Su misión era la de anunciar a alguien más grande que él mismo. "Viene ya el que es más fuerte, y a quien no soy digno de desatar las correas de su sandalias. El os bautizará en el Espíritu Santo y en el fuego" (Lucas 3, 16). Y Jesús, de quien Juan era precursor, había de proclamar: "Entonces dije: Héme aquí; vengo como está escrito de mí en el volumen del libro, para hacer, oh Dios, tu voluntad!" (Hebreos 10, 7). Ni Juan el Bautista ni Jesús lo hicieron a su propio modo. Obedecían siempre la voluntad de Dios que los había enviado, hasta el punto de aceptar la muerte por haberse negado a transigir. Ahora bien, hacerlo a su propio modo puede ser parte del espíritu de independencia y autoconfianza americana y es posible que sea laudable, pero si proviene de un espíritu que no respeta ninguna autoridad, sea ésta humana o divina, es reprensible.

Hoy en día el mensaje de conversión de San Juan es ahogado por el sonido ruidoso de modernos flautistas. El mensaje que quieren darnos, particularmente a los jóvenes, es uno de autoindulgencia y autogratificación. Tiene una atracción muy seductiva. Están ahí fuera otros mensajes que debemos examinar con cuidado para ver si están de acuerdo con nuestra fe. El mundo tiene una capacidad de seducir que puede ser de veras muy sutil.

10

Feast of the Assumption

The patristic testimony for the Assumption is so helpful in appreciating this feast and its teaching. For example, in Jerusalem itself, in the time of Constantine, there was a feast called "The Memory of Mary" on August 15. It became a public holiday in 602 and was known as the "Dormition" or "Falling Asleep" of the Theotokos, the Mother of God. In the eighth century, St. John Damascene, the last of the Greek Fathers of the Church, said in one of his many sermons on Mary: "Your holy and happy soul, in accordance with the law of nature, was separated from your most blessed body; and although the body was duly interred, it did not remain in the state of death, nor was it dissolved by decay ... your most pure and sinless body was not left on earth, but you were transferred to your heavenly throne, O Lady, Queen, and Mother of God in truth." With this testimony — and countless other patristic texts and evidences of the belief of Catholics over the centuries, Pope Pius XII in 1950 proclaimed the Dogma of the Assumption. In the Apostolic Constitution, *Munificentissimus Deus,* he said:

> Hence the august Mother of God, mysteriously united from all eternity with Jesus Christ in one and the same degree of predestination, immaculate in her conception, a virgin inviolate in her divine motherhood, the wholehearted companion of the Divine Redeemer who won complete victory over sin and its consequences, gained at last the supreme crown of her privileges — to be preserved immune from the corruption of the tomb and, like her son, when death had been conquered, to be carried up body and soul to the exalted

glory of heaven, there to sit in splendor at the right hand of her Son, the immortal King of the Ages.

The Redeemer triumphed over both sin and death. It was appropriate, therefore, that his mother should share in the two victories. The Assumption is a counterweight to the Immaculate Conception. The first victory of Mary over Satan in her Immaculate Conception was completed by her victory over death in her Assumption. Just as sin had no power over her, so, too, death lost all of its power in the face of Christ's overwhelming redemption. Since Mary was conceived without sin, she was spared the corruption which is the result of sin. If Christ is the first-born of those raised from the dead (cf. Colossians 1:18), it is most fitting that the mother in whose virginal womb his body was fashioned, should be the one he would raise first.

We must all face death, as did Christ, as did Mary, since death is the inevitable termination of earthly life, but death will not triumph over us (cf. 1 Corinthians 15:54-57). The Assumption reminds us of our own last end: that the body as well as the soul will be raised to experience together the joy of the Beatific Vision, to share in the complete and everlasting triumph of the risen and glorified Christ, Son of God and Son of Mary.

10

Fiesta de la Asunción

El testimonio patrístico en pro de la Asunción nos ayuda a apreciar esta fiesta y lo que nos enseña. Por ejemplo, en el mismo Jerusalén, durante la época de Constantino, el quince de agosto se celebraba una fiesta llamada "la Memoria de María." Esta llegó a ser una festividad pública en el año seiscientos y dos y se conocía por "el Dormirse de la Theotokos," la Madre de Dios. En el siglo octavo, San Juan Damasceno, el último de los Santos Padres de la Iglesia griega, dijo en una de sus muchas homilías sobre María: "Tu bienaventurada alma, de acuerdo con las leyes de la naturaleza, fue separada de tu santísimo cuerpo y aunque este fue debidamente enterrado, al contrario de lo que suele pasar no fue disuelto por corrupción. Tu cuerpo, purísimo y sin pecado, no se quedó en la tierra. Tu fuiste transportada a tu trono celestial, Oh Señora, Reina y verdadera Madre de Dios." Con este testimonio, y otros innumerables textos patrísticos y evidencias de la creencia de los católicos durante el transcurso de los siglos, el Papa Pío Doce en mil novecientos cincuenta proclamó el Dogma de la Asunción. En la Constitución Apostólica, *Munificentissimus Deus*, el dijo:

> Por todo ello la augusta Madre de Dios, unida a Jesucristo de un modo arcano (misterioso) desde toda la eternidad, por un mismo y único decreto de predestinación, inmaculada en su concepción, virgen integérrima en su divina maternidad, asociada generosamente a la obra del divino Redentor, que obtuvo un pleno triunfo sobre el pecado y sus consecuencias, alcanzó finalmente, como suprema coronación de todos sus privilegios, el de ser preservada inmune de la corrupción del

sepulcro y, a imitación de su Hijo, vencida la muerte, ser llevada en cuerpo y alma a la gloria celestial, para resplandecer allí como reina a la derecha de su Hijo, el rey inmortal de los siglos.

El Redentor triunfó sobre el pecado y la muerte. Convenía entonces, que su madre compartiera las dos victorias. Su Asunción es el contrapeso de su Inmaculada Concepción. La primera victoria de María sobre Satanás en su Inmaculada Concepción fue colmada por su victoria sobre la muerte. Como el pecado no tenía poder sobre ella, así también, frente a la Redención arrolladora de Cristo, la muerte perdió todo su poder. Puesto que María fue concebida sin pecado fue librada de la corruptibilidad que es la consecuencia del pecado. Si Cristo resucitó como el primero de todos los muertos (cf. 1 Cor. 1, 18), conviene que la madre, en cuyo seno virginal fue formado su cuerpo, fuera la primera que El resucitara.

Todos tenemos que enfrentar la muerte como Cristo, como María, puesto que la muerte es el fin ineludible de la vida terrenal; pero la muerte no triunfará sobre nosotros (cf. 1 Cor. 15, 54-57). La Asunción nos recuerda nuestro propio destino final: que lo mismo el cuerpo que el alma resucitará para experimentar juntos la felicidad de la Visión Beatífica, para compartir por siempre el triunfo completo y eterno del Cristo resucitado y glorificado, Hijo de Dios e Hijo de María.

11

All Saints

"Father, today we keep the festival of your holy city the Heavenly Jerusalem, our Mother. Around your throne the saints, our brothers and sisters, sing your praise for ever. Their glory fills us with joy, and their communion with us in your Church gives us inspiration and strength, as we hasten on our pilgrimage of faith, eager to meet them" (Preface).

In his book, *Evangelical Is Not Enough*, Dr. Thomas Howard speaks of two canticles which had an unmistakable effect on him, the Psalm, *Benedicite, omnia opera Domini* (Bless the Lord, all you works of the Lord), and the *Te Deum.* He describes the *Te Deum* as a hymn of undiluted praise which adores God for nothing other than His glory, thus bringing into sharp focus exactly what worship is. The invoking of the great train of apostles, prophets, and martyrs awakened in him the notion of the unbroken train of the faithful on pilgrimage to the Mount of God, moving in a dazzling procession through history. The host of apostles, evangelists, fathers, martyrs, confessors, doctors, bishops, widows, virgins, and infants reminds us, he says, that the Faith has been borne on human shoulders and in human hearts for two thousand years!

What a glorious court our God has! He is a very great king, indeed, to have figures of such immense dignity in his train, or even better, to have raised them to such dignity. These great lords and ladies, mantled and crowned with the highest possible honor and rank are, precisely, his vassals. This array is his court! All glory to him, and in him, glory and honor to these others. Yet among them there is one whose dignity is shared by no other. She is a woman, the humblest of them all. No empress, prophetess, or conqueror she, only the handmaid of the Lord.

In that court Mary unquestionably stands in the place of preeminence. Whereas all these others bore witness to the Word, she bore the Word. In no other mortal figure do we see the mystery of Redemption so richly revealed.

Today's feast reminds us that we are not alone. We are surrounded by a cloud of witnesses, as the Letter to the Hebrews assures us (12:1) whether we worship God in a magnificent cathedral or in a humble mission chapel:

> With their great company and all the angels, we praise your glory as we cry out with one voice: "Holy, holy, holy Lord, God of power and might, heaven and earth are full of your glory!"

11

Todos los Santos

"Padre, hoy nos concedes celebrar la gloria de todos los santos, asamblea de la Jerusalén celestial, que eternamente te alaba. Hacia ella, peregrinos en la tierra, nos encaminamos alegres, guiados por la fe y animados por la gloria de nuestros hermanos; en ellos encontramos ejemplo y ayuda para nuestra debilidad" (Prefacio).

En su libro, *Evangelical Is Not Enough (Ser Evangélico No Basta),* el doctor Tomás Howard habla de dos cánticos que lo impresionaron de manera profunda e inequívoca, el *Benedicite omnia opera Domini* (Bendecid al Señor todas las obras del Señor) y el *Te Deum.* Howard describe el *Te Deum* como un himno de pura alabanza, qua adora a Dios sólo por su gloria, y que, por eso, pone en claro centro la esencia del culto. La invocación de la gran comitiva de apóstoles, profetas y mártires, despertó en él la imagen de la fila ininterrumpida de los fieles, peregrinos que se encaminan a través de la historia, en procesión deslumbrante al Monte de Dios. Dice que la multitud de apóstoles, evangelistas, padres, mártires, confesores, doctores, obispos, viudas, virgenes y niños, nos recuerda que hace dos mil años que la fe se lleva sobre hombros y dentro de corazones humanos.

¡Qué gloriosa es la corte de nuestro Dios! Solamente un rey de los más grandes pudiera reunir en su cortejo personajes de tanta dignidad. Mejor dicho, ¡solamente un rey divino hubiera podido elevarlos a tal dignidad! Estos grandes caballeros y damas, que han sido coronados con los más altos honores y rangos, son precisamente sus vasallos, los miembros de su corte. A El sea la gloria, y en El gloria y honor a éstos, sus santos. Sin embargo, entre ellos hay uno, cuya dignidad no comparte ninguno.

Es una mujer, la más humilde de todos. No es emperatriz, ni profetisa, ni conquistadora ... sólo la sierva del Señor. En aquella corte María sin disputa alguna ocupa el sitio preeminente. Mientras que los otros dieron testimonio del Verbo, ella le dio el Verbo al mundo. No hay otra figura mortal en que se halle revelado tan ricamente el misterio de la Redención.

La fiesta de hoy nos recuerda que no estamos solos. Nos rodea una gran nube de testigos, como nos asegura la Carta a los Hebreos (12, 1), ya sea que adoremos a Dios en una magnífica catedral o en la capilla de una humilde misión.

> Unidos a los santos y a los coros de los ángeles, te glorificamos y cantamos, diciendo: "¡Santo, santo, santo, Señor del universo, llenos están el cielo y la tierra de tu gloria!"

12

All Souls

The name of the ancient city of Carthage brings to mind any number of important moments in history, such as the oft-repeated cry of the Roman senator Cato in the second century B.C.: "Carthago delenda est!" "Carthage must be destroyed!" (as indeed it was by the Romans in 149 B.C.) and the terrible destruction of the city by the Vandals in the fifth century A.D. In between these two devastating moments in her history, Carthage was a flourishing city of the ancient world, and from the second century A.D. an important center of Christianity. A most important document survives from the early third century, a hagiographical treasure of the Church: the record of the arrest and martyrdom of St. Perpetua, who with Felicitas and her companions was martyred in the persecution of Decius.

One of the more interesting passages in her diary concerns the fate of her brother, Dinocrates, who had died recently. She describes how she saw him in one of her visions "coming out of a dark place where there were many others, hot and thirsty; his face was pale with the wound which he had on it when he died. It was for him that I had prayed and there was a great gulf between us, so that neither of us could approach the other. Near him stood a font full of water, the rim of which was above the head of the child. I awoke realizing my brother was in distress, but I trusted that I could relieve his trouble and I prayed for him every day with lamentation and tears that he might be given to me. Later I saw the place I had seen before, but now luminous, and Dinocrates clean, well clad and refreshed; and where there had been a wound, there was now only a scar; the rim of the font had been lowered to the child's waist, and water poured from it constantly. Dinocrates began to drink from it and the bowl failed not. I awoke and knew he suffered no longer."

This document from the beginning of the third century is one of the clearest testimonies to the antiquity of the faith of the Church in the doctrine of Purgatory, concerning the state after death of those souls which are not yet sufficiently purified of their sins to enter into the Beatific Vision, nor yet in any sense worthy of condemnation to eternal punishment in Hell. The Church has always believed that we are able to pray for them and through our prayers and works of mercy speed their journey home to Heaven. The Feast of All Souls is a powerful celebration of this doctrine. We affirm our belief in the reality of sin as an offense against the awesome majesty of almighty God, and in His just punishments. We affirm as well our belief that prayer is a powerful instrument before God's throne, that by it we are able to intercede for our deceased brothers and sisters, just as Perpetua was able to intercede for Dinocrates. We are not likely to ever experience a similar vision of reassurance from God, but we can rejoice in hers and through it find great consolation. May all the souls of the faithful departed find a speedy release from their sufferings and admission into that place of "refreshment, light and peace," where they will rejoice forever in the presence of God and His angels and saints.

12

Los Fieles Difuntos

El nombre de la antigua ciudad de Cartago evoca un sin fin de momentos históricos, como por ejemplo el grito tantas veces repetido de Catón, el senador romano del siglo segundo antes de Cristo, "Carthago delenda est!" "¡Cartago tiene que ser destruida!" De hecho la ciudad fue destruida por los romanos en el año ciento cuarenta y nueve A.C. y otra vez por los vándalos en el siglo quinto D.C. Entre estos dos momentos devastadores de su historia, Cartago fue una ciudad próspera del antiguo mundo y desde principios del siglo segundo, un centro importante de la Cristiandad. Nos queda un documento importante que remonta a los primeros años del siglo tercero, un verdadero tesoro hagiográfico que relata el prendimiento y el martirio de Santa Perpetua, la que con Felicitas y sus compañeros fue martirizada en Cartago durante la persecución de Decio.

Uno de los pasajes más interesante del diario de Santa Perpetua tiene que ver con su hermano Denócrates que acababa de morir. Ella describe como lo vio en sueños. Dice: "Me parecía que, atormentado de calor y de sed, salía de un lugar sombrío donde había otros muchos. En la cara pálida tenía la herida que había recibido al morir. Yo había rezado por él, pero había entre nosotros un golfo grande de manera que no pudimos acercarnos. Cerca de el, había una fuente llena de agua, pero era tan alta que él no podía alcanzar el borde de la fuente para beber y refrescarse. En esto me despierté y me di cuenta de que mi hermano sufría, pero yo confiaba en que podría aliviarlo. Recé por él todos los días con llanto y lagrimas, pidiendo que lo viera otra vez. Más tarde volví a ver el lugar, pero ahora luminoso, y vi a Denócrates, limpio, bien vestido y reanimado, y donde había una herida no le quedaba más que una cicatriz. La taza de la fuente se había bajado hasta la cintura del muchacho, y de ella salía a borbotones el agua. Denócrates empezó a beber de ella sin que disminuyera la cantidad de agua. Me desperté y sabía que ya no sufría mi hermano."

Este documento de principios del siglo tercero da testimonio clarísimo de la antigüedad de la fe de la Iglesia en la doctrina del Purgatorio, del estado de aquellas almas que al morir no están suficientemente purificadas de sus pecados para entrar en la Visión Beatífica, ni tampoco dignas de condenación al castigo eterno del infierno. La Iglesia siempre ha creído que podemos rezar por ellas y que, mediante nuestras oraciones y nuestras obras de misericordia, hacer más rápida su entrada en el cielo. La Fiesta de los Fieles Difuntos es una celebración grande de esta doctrina. Afirmamos nuestra creencia en la realidad del pecado como ofensa contra la Suprema Majestad de Dios y en Sus justos castigos. Afirmamos también que creemos que la oración es un instrumento poderoso ante el trono de Dios, y que por medio de ella podemos interceder por nuestros hermanos difuntos, como Perpetua pudo interceder por Denócrates.

No es probable que Dios nos conceda experimentar una visión similar de tanta confianza como la de Perpetua; pero podemos regocijarnos y sacar consuelo de la de ella. ¡Qué las almas de todos los fieles difuntos sean liberadas de sus sufrimientos y que se les conceda la paz, la luz y la felicidad para siempre en la presencia de Dios, de Sus ángeles y Sus santos!

13

Thanksgiving Day

This day has become a day of great significance for all Americans. There is something here that touches all hearts and makes us want to gather closely as family to share a wonderful meal together and renew the ties that bind us to one another. So many people are on the move the day before Thanksgiving that the highways are clogged and the airports jammed. We gather together to give thanks to Almighty God for his many blessings upon us, to remember the event of 1621 that is at its heart, and to look about for ways to share our blessings with others.

The first celebration was in the nature of a Harvest Festival, where the meal was prepared from the crops the Pilgrims had grown and the fowl they had killed. Nature had prepared the bounty for them, and they had tilled the soil in cooperation. Here we have a significant example of man and nature working together. It is a reminder for us today of how we must use the natural resources of this world. Our planet is a very fragile place. The destruction of the rain forests in many areas has devastated the soil and also seriously affected world climate; famine in many areas is brought about by our own misuse of the land; acid rain is poisoning our atmosphere. We have to be better stewards of creation than we have been. If we observe our Thanksgiving at a Eucharistic Liturgy, let us take particular notice of the offertory prayers: "Blessed are you, Lord, God of all creation. Through your goodness we have this bread to offer, which earth has given and human hands have made ... we have this wine to offer, fruit of the vine and the work of human hands...."

Another aspect of the first Thanksgiving is the sentiment expressed in a letter Edward Winslow sent home to London: "By God's goodness we are so far from want that we often wish you partakers of our plenty." This desire did not change even when another ship arrived forcing the pilgrims on half rations! This statement of Winslow's has entered deeply into the American spirit. America still is eager to make others partakers of her plenty. Since the first "Boat People" arrived in 1620, millions of others have come to these shores, from Europe and Africa and Asia and Central and South America. They continue to come to this great land. They have not always been made welcome. Some who themselves suffered from hostility and prejudice have senselessly passed it on to the next arrivals. But that is not the American spirit. By God's goodness we are so far from want that we continue to welcome the refugee to our shores. There is not one of us, in point of fact, who didn't come here from somewhere else!

We call those first settlers "the Pilgrims." They were a very mixed group. Beyond the ones who came to escape persecution and find religious freedom, there were many others with no religious attachments, who were just part of the colonizing enterprise. Catholics weren't among their favorite people, either. But we have a wonderful way of looking at them as our forebears. They were "pilgrims," and so are we, as the Vatican Council's definition of the Church reminds us. We are a pilgrim people, on journey to our true homeland. Perhaps this is the reason we have taken to Thanksgiving so readily. We have integrated it into the way we think about ourselves, as Catholics, as Americans. There is no difficulty about it at all — it is the most natural thing in the world.

13

Día de Acción de Gracias

El día de Acción de Gracias es una fiesta de gran significado para todos los americanos. Hay aquí algo que nos toca a todos en el corazón y que nos despierta el deseo de reunirnos con los nuestros para compartir una cena especial y para reanudar los lazos familiares. En la víspera de esta fiesta, viaja tanta gente que quedan embotelladas las carreteras y abarrotados los aeropuertos. Nos reunimos para darle gracias a Dios por sus muchas bendiciones, para recordar los acontecimientos del año mil seiscientos veintiuno que dieron origen a la fiesta, y para buscar modos de compartir nuestras bendiciones con los demás.

El día de Acción de Gracias de mil seiscientos veintiuno fue una celebración de la primera cosecha de los Peregrinos en el nuevo mundo. El festejo central de la jornada fue la comida preparada con los frutos de lo que habían sembrado y de la carne de las aves silvestres que habían cazado; un verdadero banquete rústico que compartieron con sus vecinos, los indios. La naturaleza les había proporcionado su abundancia y ellos habían cooperado cultivando la tierra. He aquí un ejemplo de cooperación entre el hombre y la naturaleza que puede servir para recordarnos como debemos utilizar los recursos naturales de este mundo. Nuestro planeta es un sitio muy frágil. La destrucción de las selvas en muchas áreas ha devastado la tierra y ha afectado el clima mundial. La lluvia ácida sigue contaminando nuestra atmósfera. Tenemos que ser mejores administradores de la Creación. Si nuestra celebración del día de Acción de Gracias incluye participación en la Liturgia Eucarística, fijémonos en las oraciones del Ofertorio: "Bendito seas, Señor del universo, por este pan, fruto de la tierra y del trabajo del hombre, que recibimos de tu generosidad y ahora te presentamos ... y por este vino, fruto de la vid y del trabajo del hombre...."

Otro aspecto de esta fiesta se ve en los sentimientos de Edward Winslow, expresados en una carta enviada en aquel entonces a los suyos en Londres: "Por la bondad de Dios, nos encontramos tan lejos de la escasez que a menudo queremos que ustedes puedan compartir nuestra abundancia." No cambiaron de actitud, ni siquiera cuando, debido a la llegada de otro barco, tuvieron que estrecharse el cinturón y ponerse a media ración. La declaración de Winslow ha penetrado profundamente el espíritu americano. América sigue con el afán de compartir su abundancia con los menos afortunados. A través de los años después de la llegada de los Peregrinos, los primeros "boat people," millones han venido a nuestras orillas de Europa, de Africa, de Asia y de la América Central y del Sur. No siempre han hallado buena acogida. Algunos, siendo ellos mismos víctimas de hostilidad y de prejuicios, han reaccionado a su vez, y sin razón, tratando del mismo modo a otros inmigrantes. Nada pudiera ser más ajeno al espíritu americano. Por la bondad de Dios, experimentamos una abundancia y seguimos acogiendo con generosidad a los refugiados que llegan. No hay ninguno entre nosotros cuyos antepasados no vinieran de otra parte.

A estos primeros colonizadores los llamamos los "Pilgrims" (peregrinos). Formaban un conjunto heterogéneo. Además de los que vinieron huyendo de la persecución, en busca de libertad religiosa, había otros muchos sin afiliación religiosa alguna, que eran solamente miembros de la empresa colonizadora. Los católicos no fueron tampoco santos de su devoción. Pero tenemos una manera admirable de tratarlos como nuestros antepasados. Eran "peregrinos," y también lo somos nosotros, como nos recuerda la definición acerca de la Iglesia formulada por el Concilio Vaticano II: somos un pueblo peregrino que se encamina a su verdadera patria. Tal vez sea por eso que nos gusta tanto el Día de Acción de Gracias. Lo hemos integrado en el concepto que tenemos de nosotros como Católicos, como Americanos, sin dificultad alguna y como si fuera la cosa más natural del mundo.

14

A Baptismal Catechesis

Baptism is the sacrament by which we are incorporated into Christ and into the Church. By it we are raised to the dignity of God's adopted children and become a new creation, through water and the Holy Spirit.

The washing with water at the heart of the ritual is a sign of mystical sharing in the death and resurrection of Christ, by which believers in his name die to sin and rise to eternal life (cf. Romans 6). The washing ritual, be it immersion, infusion, or pouring, is not merely a rite of purification but a sacrament of union with Christ.

Preparatory rites include:

a. Renunciation of sin — baptism is a "rite of passage" which involves separation from previous lifestyle and behavior. Conversion, a turning away from evil and a turning toward God, recalls the preaching of John the Baptist: repent, face up to the coming judgment, take responsibility for your lives.

b. Recitation of the profession of faith — in this way the Church hands on its ancient documents of faith and recalls the wonderful work of God for our salvation.

c. Recitation of the Lord's Prayer — the new spirit of sonship is acknowledged by which the baptized call God their Father, especially in the midst of the congregation assembled for the Eucharist.

d. The blessing of water in the name of the Holy Trinity — called upon for the first time in the rite, whereby the water is given a religious meaning and the working of the divine mystery is shown before all.

The meaning of baptism is dramatized by three rituals which take place after the baptism itself: the newly baptized are (1) anointed with chrism, the sign of the royal priesthood of the baptized and their enrollment in the fellowship of the people of God; (2) clothed with a white garment, the symbol of their new dignity, living as they are the new life in Christ; and (3) presented with a lighted candle, lighted from the Paschal candle that represents Christ, which shows their vocation to live as befits the children of light so they may one day enter his heavenly kingdom.

Recall Jesus's words to Nicodemus: "Unless one is born of water and the Spirit, he cannot enter the kingdom of God" (John 3:5); the commission of Jesus: "Go, therefore, and make disciples of all nations, baptizing them in the name of the Father and of the Son and of the Holy Spirit, teaching them to observe all that I have commanded you" (Matthew 28:19); Peter's words at the first Pentecost: "You must reform and be baptized, each one of you, in the name of Jesus Christ, that your sins may be forgiven: then you will receive the gift of the Holy Spirit" (Acts 2:38).

Consult: *The Rite of Christian Initiation* (RCIA); *The Rites of the Catholic Church as Revised by the Second Vatican Ecumenical Council* (Collegeville, MN: Pueblo/Liturgical Press).

14

Una Catequesis Bautismal

El Bautismo es el sacramento por el cual somos incorporados a Cristo y a la Iglesia y somos elevados a la dignidad de los hijos adoptivos de Dios y convertidos en una nueva criatura por el agua y el Espíritu Santo.

El lavado con el agua es el momento culminante del ritual. Es un signo de participación mística en la muerte y la resurrección de Cristo, mediante el cual los que creen en su nombre mueren al pecado y resucitan a la vida eterna (cf. Romanos 6). El lavado ritual, sea éste por inmersión o sea por infusión o acción de echar el agua sobre el que se bautiza, no es meramente un rito de purificación, sino un sacramento de unión con Cristo.

Los ritos preparatorios abarcan:

a. La renuncia del pecado — el Bautismo es un "rito de paso" que exige separación del modo de vivir y de obrar anteriores. La conversión, es decir, desviarse del mal y acercarse a Dios, recuerda la predicación de Juan el Bautista: "Arrepentíos, enfentaos con el juicio venidero, aceptad la responsabilidad en vuestras vidas."

b. Recitación de la profesión de fe — de esta manera la Iglesia trasmite sus antiguos documentos de fe y recuerda la obra maravillosa de Dios por nuestra salvación.

c. La recitación del Padre Nuestro — se reconoce el nuevo espíritu de filiación en virtud del cual los bautizados nombran a Dios como su Padre en medio de la congregación reunida para la celebración de la Eucaristía.

d. La bendición del agua en el nombre de la Santísima Trinidad —invocada por primera vez en el rito — mediante la cual se le da un significado religioso al agua y se les manifiesta a todos la obra del misterio divino.

El significado del Bautismo lo dramatizan tres rituales que tienen lugar después del Bautismo mismo: los recién bautizados son (1) ungidos con el crisma, el signo del sacerdocio real de los bautizados y de su incorporación a la comunidad del pueblo de Dios; (2) se les pone una vestidura blanca, símbolo de su dignidad nueva, puesto que ya participan en la vida nueva en Cristo y (3) se les presenta una vela encendida del Cirio Pascual, el cual representa a Cristo; esta vela simboliza su vocación de vivir de una manera digna de hijos de la luz, para que un día puedan entrar en su reino celestial.

Recuerden: las palabras de Jesús a Nicodemo: "En verdad te digo que el que no nace de agua y del Espíritu, no puede entrar en el Reino de Dios" (Juan 3, 5); el mandato de Jesús: "Id, pues y haced discípulos míos todos los pueblos, bautizándolos en el nombre del Padre y del Hijo y del Espíritu Santo y enseñandoles a guardar todo cuánto yo os he mandado" (Mateo 28, 19-20); las palabras de Pedro en el primer Pentecostés: "Arrepentíos, y que cada uno de vosotros se bautice en el nombre de Jesucristo, para remisión de vuestros pecados y recibiréis el don del Espíritu Santo" (Hechos 2, 38).

Cf. *El Ritual de la Iniciación Cristiana; El Ritual de la Iglesia Católica Reformado según los Decretos del Concilio Vaticano II* (Collegeville, MN: Pueblo/Liturgical Press).

15

Penance Service

In the Middle Ages, mystery and miracle plays were a popular and artistic method of presenting Christian truths. You might say that they were an early form of CCD instruction! One of the most famous of them all was entitled *Everyman.* Its outline: at a dinner party Death makes an appearance and tells the central character, Everyman, that he has come for him. Everyman begs a few days to prepare — one day — one hour — all to no avail. In anguish he makes the rounds of his friends and relatives for advice and assistance. All reject him. Finally Good Deeds and Knowledge recommend that he seek out Confession in the church.

Everyman: Of all my works I must show
How I have lived and my days spent;
Also of ill deeds that I have used
In my time, since life was me lent;
And of all virtues that I have refused.

Knowledge: Everyman, I will go with thee, and be thy guide,
In thy most need to go by thy side ...
Now go we together lovingly,
To confession, that cleansing river.

Everyman: For joy I weep; I would we were there;
But, I pray you, instruct me by intellection,
Where dwelleth that holy man, Confession.

Knowledge: In the house of salvation
We shall find him
That shall us comfort by God's Grace.

Today, Everyman would "find" several forms of receiving the sacrament of Confession (or Reconciliation or Penance). He would have a choice of face-to-face confession with a priest in a Reconciliation Room, or the privacy of a confessional with a screen, or a Penance Service with any number of "stations" for individual dialogue. Whatever the setting, the Sacrament of Reconciliation will be an encounter with Christ, a most intimate moment wherein Christ can act in our lives, forgiving our sins and restoring us to the state of grace if we have lost this through serious sin. In this immediate encounter with Christ, we also encounter ourselves, our true selves, and are enabled to acknowledge before the Lord and his minister that we are indeed sinners and have need of his forgiveness in our lives. It is here in the Sacrament of Reconciliation that we find Christ again fulfilling the mission for which he came to this earth: preaching the need of repentance and calling sinners to conversion.

It is particularly appropriate for us to meditate upon this sacrament as we deepen our participation in this sacred season. It should be the resolve of everyone of us, every man and every woman, to draw near now to this source of grace. We should ask ourselves how long it has been since we last approached the priest in Confession, how long it has been since we have been using excuses to postpone or evade this all-important action in our lives as Catholics. The life of a Catholic lived without drawing near to an encounter with Christ in the Sacrament of Reconciliation is not one that has been fully engaged. Let us make this season of the year one in which we again approach the Sacrament with sincerity, honesty and courage. We will then be able to join with Everyman in his words of grateful praise:

> O glorious fountain! That all uncleanness doth clarify,
> Wash from me the spots of vices unclean,
> That on me no sin may be seen ...
> Thanked be God for his gracious work!
> For now I will my penance begin;
> This hath rejoiced and lighted my heart,
> Though the knots be painful and hard within.

15

El Sacramento de la Reconciliación

Durante la Edad Media, el teatro teológico que abarcaba las llamados milagros, misterios y moralidades, ofrecía un modo popular y artístico de presenta las verdades cristianas. Se puede decir que era una forma primitiva de catequesis. Una de la Moralidades más conocidas es *Everyman (El Hombre en sentido genérico),* obra alegórica inglesa. El asunto se puede resumir así: Durante una cena, la Muerte se le aparece al protagonista y le dice que ha venido a llevárselo. El Hombre le pide un plazo de unos días, de un día, por lo menos de una hora, para prepararse, pero en balde. Angustiado les busca ayuda y consejos a sus amigos y a sus parientes. Todos lo rechazan. Por fin Buenas Obras y Entendimiento recomiendan que se acuda a Confesión en la iglesia

Hombre: Tengo que dar razón de lo que he hecho
Como pasé los días de mi vida
desde el momento cuando ya prestados
de las manos de Dios los recibí.
¡Ay! ¡Cuánto mal he hecho! ¿Que hago? ¡Di!

Entendimiento: Yo iré, contigo, hombre, y en tu apuro
me tendrás a tu lado, guía fiel.
Muy confiados ahora vamos juntos.
Busquemos el camino que conduce
a la Confesión que es río limpiador.

Hombre: Lloro ya de alegría. Vamos pronto.
Por comprensión, te pido, ahora dime,
¿Donde es que mora aquel santo varón?

Entendimiento: Casa de salvación es su morada;
en la iglesia, que es santa, nos aguarda,
Por la gracia de Dios nos va a sanar.

Hoy día *Everyman* pudiera encontrar varios modos de recibir el Sacramento de la Penitencia. Pudiera confesarse, cara a cara, con un sacerdote en un cuarto de reconciliación o en un confesionario tradicional separado del sacerdote por una rejilla, que le aseguraría la anonimidad, o recibirlo durante una celebración en común con muchas estaciones para el diálogo individual. Cualquiera que sea el lugar de recibirlo, el Sacramento de la Reconciliación es un encuentro con Cristo, un momento de los más íntimos en que Cristo puede obrar, perdonándonos los pecados y restaurándonos el don de la gracia santificante si lo hemos perdido mediante el pecado grave. En este encuentro íntimo con Cristo, también llegamos a conocernos a nosotros mismo y así podemos reconocer ante el Señor y ante su ministro que somos de veras pecadores y que necesitamos perdón. Es aquí en el Sacramento de la Reconciliación que encontramos otra vez a Cristo, cumpliendo su misión en la tierra, predicando la necesidad del arrepentimiento y llamando a la conversión a los pecadores.

Es especialmente apropiado que meditemos sobre este sacramento mientras participamos más profundamente en esta temporada sagrada. Todos debemos hacer un propósito sincero de acercarnos ahora a esta manantial de gracia. Debemos preguntarnos cuánto tiempo hace que no nos confesamos, cuánto tiempo hace que nos servimos de pretextos para aplazar o evitar este encuentro con Cristo que es sumamente importante en nuestra vida como católicos. La vida espiritual de un católico que no se acerque a Cristo en el Sacramento de la Reconciliación es poco auténtica. Durante esta temporada acerquémonos al Sacramento con sinceridad. Entonces podremos unirnos con "Everyman," repitiendo sus palabras de alabanza y de gratitud:

> ¡Oh tu, fuente gloriosa, limpiadora!
> Lávame toda mancha de los vicios,
> para que no me quede ni un pecado.
> Por su misericordia a Dios le damos gracias.
> Ahora empezaré mi penitencia.
> Tengo regocijado el corazón
> aunque me quedan nudos dentro de él.

16

First Holy Communion

Dear Girls and Boys:

You and I go back a long way. When most of you were born, I had the privilege of baptizing you, right here in this church. You can see the baptismal font over there. And when I poured the water over your head you became a special friend of Jesus. As for myself, I now began to get to know you. Let me tell you about yourself.

Every Sunday your parents would bring you here to Mass. You were young then, maybe two years old. Time went by very fast, and your birthdays came round very fast, too. Now you were three years old, then four, and so on. Remember when you came to Mass? Your Mom and Dad and perhaps your older brothers and sisters came up to the altar to receive Jesus in Holy Communion. I can still see you. Whatever was going on, you wanted to be part of the action. And so you would trudge along with Dad and Mom and watch them receive Jesus in Holy Communion. And I remember very well how you looked at me, eyes wide open, and then you opened your mouth or put out your hand because you wanted to receive Jesus just as your parents did. I would whisper to you: "Not now. Later on." I'm sure that each of you were disappointed that you could not receive Jesus then in Communion.

But today is very special for each of you. Your time has now come. In a few minutes you will be coming to the altar to receive Jesus. The long waiting is over. You have been trained by your teachers and by your parents. And they have done a great job.

Boys and girls, you know what Communion is: the body and blood of Jesus. Of course, we know that the Communion Host looks like bread, tastes like bread. But Jesus tells us that the Host is no longer bread, but himself! And you and I believe what Jesus tells us. And so today you, your Mom and Dad, and everybody in this church, will come up to this altar to receive Jesus. Everybody will thank Jesus for inviting you to receive Jesus in Holy Communion. But remember, girls and boys: this is just the beginning. I want to see you receive Jesus every Sunday. From now on you will be invited by the Lord to come up to the altar and receive him at Communion time. This is Jesus's great gift to all of us: his body and blood in Holy Communion. Be sure to thank the Lord every time for this most precious gift.

Parents of these children: you have a most solemn obligation to see that your child assists at Mass every Sunday, and to bring your child to God's altar to receive Communion. God has been good to you — he has gifted you with this child who will receive First Communion today. I pray that by your good example your child will always cherish the Lord Jesus in Holy Communion. You and your child will have my prayers and the prayers of all who gather here today. May God continue to bless you and your families, and give you the wisdom and the strength to appreciate this most sacred of gifts, the body and blood of Jesus in Holy Communion.

16

Primera Comunión

Queridos niños míos:

Hace mucho tiempo que nos conocemos ustedes y yo. Cuando nacieron la mayoría de ustedes, yo tuve el privilegio de bautizarlos aquí en esta misma iglesia. Ahí mismo se puede ver la pila bautismal. Y cuando les vertí el agua en la cabecita, llegaron a ser amigos especiales de Jesús. En cuanto a mí, desde aquel momento empecé a conocerlos. ¿Quieren que les diga unas cuántas cosas que recuerdo de ustedes?

Todos los domingos sus padres los trajeron aquí para la Misa. Ustedes eran muy pequeños por aquel entonces ... tal vez hubieran cumplido unos dos años. Pasó el tiempo y sus cumpleaños pasaron también rápidamente. Ya tenían tres o cuatro años y así sucesivamente. ¿Recuerdan cuando venían a Misa? Sus papás, y acaso sus hermanos mayores, se acercaban al altar para recibir a Jesús Sacramentado. ¡Todavía puedo verlos! Pasara lo que pasara, ustedes siempre querían tener parte en lo que ocurría. Por eso, acomodando sus pasitos a los de sus padres, los acompañaban al altar, y al verlos recibir a Jesús ... ¡que bien lo recuerdo! ... me miraban los ojos expectantes y suplicantes; abrían la boca o extendían las manitas porque querían recibir a Jesús como sus padres. Yo, inclinándome, les susurraba: "Ahora no. Más tarde." estoy seguro de que cada uno de ustedes se habrá un chasco porque no había llegado el momento deseado de recibir a Jesús en la Comunión.

Pero para ustedes, hoy es un día muy especial. Ha llegado la hora anhelada. Dentro de unos pocos minutos, se acercarán al altar para recibir a Jesús. Se ha terminado la larga espera. Sus maestros y sus padres los han preparado para este momento y los han preparado bien.

Niños míos, saben lo que es la Sagrada Comunión: el Cuerpo y la Sangre de Jesús. Claro que sabemos que la Hostia se parece a pan y que sabe a pan. Pero Jesús nos dice que la Hostia ya no es pan sino que es El mismo. Y ustedes y yo creemos lo que nos dice Jesús. Por eso hoy ustedes, sus papás y todos los que están en esta iglesia se acercarán al altar para recibir a Jesús. Y todos le darán gracias por haberlos invitado a recibirlo en la Sagrada Comunión. Pero recuerden, niños míos, que esto es solamente el principio. Quiero verlos recibir a Jesús todos los domingos. De aquí en adelante, el Señor los invitará a venir al altar para recibirlo en el momento de la Comunión. Este es el gran regalo que Jesús nos da a todos nosotros, su Cuerpo y su Sangre en la Sagrada Comunión. No dejen de darle gracias al Señor cada vez que lo reciben, por este preciosísimo don.

Y ustedes, los padres de estos niños, tienen una obligación de las más solemnes que es cuidar de que su hijo asista a la Misa todos los domingos y de llevarlo al altar de Dios para que reciba la Sagrada Comunión. Dios ha sido muy bueno para con ustedes. Les ha dado este niño que ha de recibir la primera Comunión hoy. Le pido a El que ustedes, mediante su buen ejemplo, consigan que su hijos siempre ame a Jesús en la Sagrada Comunión. Ustedes y sus hijos pueden contar con mis oraciones y con las de todos los que están reunidos aquí hoy. ¡Que Dios siga bendiciéndolos a ustedes y a sus familias, y que les de la sabiduría y la constancia para apreciar éste, el más sagrado de todos los dones, el Cuerpo y la Sangre de Jesús en la Sagrada Comunión!

17

A Funeral Homily

There are two great sights in the world for us as Catholics and as Americans: New York harbor with the Statue of Liberty, and the great square of St. Peter's in Rome, with the facade of the Basilica in the background, the two fountains on either side and the obelisk of Caligula in the center. This is so whether we have seen them in fact or in photographs. There is a link to both. Underneath the piazza and the Basilica of St. Peter's are the vast remains of the ancient Vatican cemetery whose two-storied mausolea were leveled off by Constantine in the fourth century for the foundation of the first of the great churches to be built on the site of Peter's crucifixion and burial. As the guide escorts the pilgrims today through the ancient tombs, he draws their attention to two ancient sarcophagi, one pagan, one Christian, both of white marble, beautifully carved. On the pagan tomb, at either end, are two torches, upside down, with their flames extinguished. The Christian tomb, in marked contrast, has its two torches upright with its flames lifted courageously aloft, symbols of the triumph of the new faith which proclaimed an entrance for the deceased into a promised land of refreshment, light and peace. This glorious symbol links us as Catholics to the basics of our faith, and through another torch held aloft in another hand, whose flame continues undiminished, we are linked as Americans to the origins of our national ideals and our national commitment.

Our Eucharistic celebration today focuses on another flame, another torch, as the Paschal candle, first lit for us at the Easter vigil liturgy, with its stirring identification of the candle as the "Light of Christ," continues to send forth its light throughout the year — at baptisms and at funeral liturgies, linking them as the beginning and the end of our earthly lives, just as Christ is the Alpha and the Omega, the beginning and the end of all creation (cf. Revelation 1:8).

We are engaged now in these sacred mysteries. What we do as a believing and worshipping community is to reenact a sacred mystery and a saving mystery. "This is the mystery of our faith." Together we celebrate the memorial of Christ's own passion, death and resurrection. Together we recall that the almighty and all merciful God did not spare his own Son. Together we recall that the Son gave us his body which is broken for us, his blood which is poured out for us. We recall a Calvary where Christ at the end could cry out, "My God, my God, why have you deserted me?" We recall a Calvary where a broken body is placed forlornly in the arms of a heartbroken mother. But we also celebrate the sacred mysteries of Easter as we remind ourselves, again, that Christ has triumphed over sin and death, and in his resurrection we have a pledge of our own. Sacred mysteries, indeed! Together we pray, therefore, that as we bring the body of *N.*______________________ in all its human imperfections to its place of rest, God will raise up his/her mortal body to be like His own in glory, and grant him/her a place of refreshment, light and peace.

17

Homilía Funeral

Para nosotros, católicos y americanos, hay dos grandes espectáculos en el mundo: el puerto de Nueva York con la Estatua de la Libertad, y la gran plaza de San Pedro en Roma, con la fachada de la Basílica al fondo, sus dos fuentes laterales y el obelisco de Calígula en el centro. Estos dos espectáculos nos impresionan profundamente, ya sea que los hemos visto en realidad o solamente en fotografías. Hay un enlace entre los dos. Debajo de la plaza y la Basílica de San Pedro se encuentran los vastos restos del antiguo cementerio Vaticano, cuyos mausoleos de dos pisos fueron nivelados por Constantino en el Siglo Cuarto para echar los cimientos de la primera de las iglesias grandes que habían de edificarse en el sitio de la crucifixión y del sepulcro de Pedro. Cualquier guía que conduzca un grupo de peregrinos por entre las tumbas antiguas suele señalarles dos sarcófagos muy viejos, el uno pagano y el otro cristiano, los dos de mármol blanco primorosamente cincelado. A cada extremo de la tumba pagana, una mano sostiene, de arriba abajo, una antorcha apagada. Por el contrario en la cristiana, la llama viva de dos antorchas rectas que apuntan al cielo, simboliza el triunfo de la fe nueva que les proclamó a los difuntos una entrada a una tierra de promisión, de descanso, de luz y de paz. Este símbolo glorioso nos enlaza, como católicos, a los fundamentos de nuestra fe. En Nueva York la llama constante de otra antorcha, levantado por otra mano, nos enlaza como americanos a los origenes de nuestros ideales y de nuestros compromisos nacionales.

Hoy nuestra celebración eucarística se enfoca en otra llama, la de cirio pascual, encendida para nosotros por primera vez durante la liturgia de la Vigilia Pascual con su identificación impresionante como la Luz de Cristo. Este cirio sigue emitiendo su luz durante el transcurso del año en las liturgias bautismales y funerales, sirviendo de enlace entre ellos como el principio y el fin de la vida terrenal, precisamente como Cristo es el Alfa y el Omega, el principio y el fin de toda la creación (cf. Apocalipsis 1, 8).

Celebramos ahora estos misterios sagrados. Representamos de nuevo un misterio sagrado y salvador. "Este es el misterio de nuestra fe." Juntos celebramos el memorial de la pasión, la muerte y la resurrección de Cristo. Juntos recordamos que el Dios omnipotente no perdonó a su propio Hijo. Juntos recordamos que el Hijo nos dio su Cuerpo quebrado por nosotros, y su Sangre derramada por nosotros. Recordamos un Calvario donde al final Cristo gritó: "Dios mío, Dios mío, ¿por qué me has abandonado?" (Mateo 27, 46). Recordamos un Calvario donde un cuerpo destrozado fue colocado en los brazos de una madre desconsolada. Pero también celebramos los sagrados misterios de la Pascua y recordamos otra vez que Cristo ha triunfado sobre el pecado y la muerte y que en su resurrección tenemos una promesa de la nuestra. Por eso, mientras llevamos el cuerpo de *N.*________________________ con todos sus defectos humanos al lugar de su descanso, pedimos que Dios transforme su cuerpo frágil en cuerpo glorioso como el suyo y que le conceda un lugar de consuelo, de luz, y de paz.

18

A Wedding Homily

There are many elements that make a wedding special: the maturity of the couple, the generosity of self-giving, the depth of commitment, a sense of joy and confidence. In all of these areas, *N.*________________ and *N.*____________________ certainly have much going for them, and we rejoice with them for that.

The heart of the whole Christian vision of life is that God has loved us and called us to himself. When we respond to that loving invitation we are called to generous, selfless discipleship, whatever might be our state in life, a discipleship that involves making a gift of ourselves in love to other persons. This is manifest in a special way in Christian marriage, where generous self-giving in love is so central. Two married Christians know that their love for one another is meant also to be a love that flows over to others. We often refer to the sacrificial nature of married love. That is because love is a commitment, a way of life that costs something, because it means forgiving, accepting, renewing, remaining faithful to promises. It means doing what Jesus did: laying down one's life for one's friend, in small ways mostly, but in large ones, too.

Some years ago, Fr. John Haughey, S.J., wrote a book entitled *Should Anyone Say Forever?* The word "forever" is a challenging one, especially when it refers to commitments people make. It is, in fact, so challenging that many these days are hesitant to make "forever" sorts of commitments, perhaps because we have all seen so many commitments fail. High on the list of "forever" challenges, of course, is the commitment of Christian marriage. Every couple knows, even when their love is strong and full of determination on their wedding day, that there is something awesome about their promise to be faithful to their commitment to each other "in good times and in bad, in sickness and in health" ... *forever*!

Saying "forever" means that you need not only God's love, not only each other's love ... you also need a community of love to support you, like the family and friends gathered with you today, like the Church which will welcome you wherever you go. And so on this great day, we promise you our love and our prayers, even as we take the opportunity, each of us here, to renew our own commitments, as tarnished as they may be. Thanks to you, we say a fresh "Yes" to God, to the Church, to another, and to you — forever!

18

Homilía Nupcial

Hay muchos elementos que contribuyen a hacer de una boda algo muy especial: la madurez de los novios, la generosidad de la entrega mutua, la profundidad de la alianza y un sentido de alegría y de confianza. El conjunto de todos estos elementos presagia para *N.*__________________ y *N.*____________________ un porvenir prometedor y nos regocijamos con ellos.

El corazón de la visión cristiana de la vida es el hecho de que Dios nos ama y nos llama a unirnos con El. Cuando aceptamos esa invitación amorosa, nos llama a un discipulado generoso y abnegado, un discipulado que exige también una entrega amorosa a los demás, sea lo que sea nuestro estado de vida. Esto se manifiesta de modo especial en el matrimonio cristiano donde una entrega amorosa y sin egoísmo es un elemento tan central. Dos cristianos casados saben que su amor mutuo tiene que extenderse a los demás. A menudo nos referimos a la naturaleza de sacrificio del amor conyugal. Es porque este amor es un compromiso, un modo de vida que cuesta algo, porque exige perdonar, aceptar, renovar, cumplir con lo prometido. Significa estar dispuesto a hacer lo que hizo Jesús, es decir "dar la vida por el amigo," generalmente en circunstancias de poca importancia, pero también en situaciones graves.

Hace unos años el Padre John Haughey, S.J., escribió un libro titulado *Should Anyone Say Forever?* (*¿Hay Alguien que deba decir "Para Siempre" ?*). El vocablo "para siempre" es retador, sobre todo cuando se refiere a los compromisos. Es, de hecho, tan retador que hoy día muchos dudan en comprometerse "pare siempre," tal vez porque todos hemos visto tantos fracasos. La alianza irrevocable del matrimonio cristiano proporciona un reto de este tipo. Cada pareja sabe, aun cuando su amor mutuo es fuerte y determinado el día de la boda, que su promesa de fidelidad "en lo bueno y en lo malo, en la salud y en la enfermedad" ... *para siempre*, infunde miedo.

Decir "para siempre" significa que se necesita no sólo el amor de Dios, no sólo el amor mutuo, sino también una comunidad de amor, como el de la familia y los amigos reunidos aquí con ustedes hoy, como el de la Iglesia que les dará la bienvenida por dondequiera que vayan. Y así es que hoy, el gran día de su boda, les prometemos nuestro amor y nuestras oraciones, y cada uno de nosotros se aprovecha de esta ocasión para renovar sus propios compromisos por opacados que estén. Gracias a ustedes, volvemos a decirles que sí a Dios, a la Iglesia y a los demás — "para siempre."

19

Anointing of the Sick

We gather to worship God and to ask his blessing on us, specifically his grace of healing for our souls and bodies. We recall that our Lord Jesus Christ, while on this earth, "went about doing good and healing all" (Acts 10:38), and commanded his followers to care for the sick. An early passage in the Gospel of Mark (6:13) hints at the ritual made explicit later: "They ... anointed with oil many that were sick and healed them." The sacrament we are about to celebrate is rooted in the Letter of James (5:14-15): "Is there anyone sick among you? Let him call for the elders of the Church, and let them pray over him and anoint him with oil in the name of the Lord. This prayer, made in faith, will save the sick man. The Lord will restore his health, and if he has committed any sins, they will be forgiven."

Ever since Vatican II, we have been calling this sacrament the Sacrament of the Sick. But people still think of it as "Extreme Unction," the name it had since the twelfth century. Old habits die hard! But we need to see this sacrament as not the sacrament given just at the moment of death, nor even as the sacrament of the dying (though it is that as well), but as what its name signifies. So as soon as the health of any of the faithful begins to be seriously impaired, by sickness or old age, it is their right to ask for and receive this sacrament. Through this anointing, it is Christ who will be strengthening them and providing them with the strongest means of support, the same Christ who showed such great concern for the bodily and spiritual welfare of the people around him.

The celebration of the sacrament you are about to receive consists of a number of parts. There will be the laying on of hands, then the offering of a prayer of faith, and then the anointing itself with oil blessed every year by our bishop at the Chrism Mass on Holy Thursday. You will be anointed first on the forehead and then on the hands as the priest prays: "Through this holy anointing may the Lord in his love and mercy help you with the grace of the Holy Spirit. May the Lord who frees you from sin save you and raise you up."

This sacrament gives you the grace of the Holy Spirit. By this grace you will be strengthened and sustained against temptations and against anxiety over death. You will be given the grace not only to bear your suffering, if such is the case, bravely, but also to fight against it. A return to physical health may well follow the reception of this sacrament, if this is seen in God's providence as beneficial to your salvation. This sacrament also provides you with the forgiveness of your sins, though you should also make a point of receiving the Sacrament of Reconciliation, and Holy Communion as well.

We need to reflect on the teaching of our faith that suffering and illness, while among the greatest evils that trouble our human spirit, yet allow us to associate ourselves intimately with the sufferings of our divine Savior. Sickness has meaning and value for us in the attainment of our salvation. Christ, who was without sin, took on all the wounds of his passion and shared all our human pain. He is still tormented in us, the members of his mystical body. We need to hear again the words of Paul: "Now I rejoice in my sufferings for your sake, and in my flesh I complete what is lacking in Christ's afflictions for the sake of his body, that is, the Church, of which I am a minister" (Colossians 1:24-25; cf. Romans 8:19-21).

19

La Unción de los Enfermos

Nos reunimos para adorar a Dios y para pedir su bendición, especificamente para pedirle que nos sane las almas y los cuerpos. Recordamos que nuestro Señor Jesucristo, mientras estaba en este mundo, "pasó haciendo el bien y sanando a los poseídos del demonio" (Hechos 10, 38), y encargó a sus discípulos que cuidaran a los enfermos. Un pasaje de la primera parte de Evangelio de Marcos esboza el ritual que más tarde fue formulado de modo más explícito. Dice Marcos: "Los discípulos arrojaban a muchos demonios y ungiendo a muchos enfermos con aceite, los curaban" (Marcos 6, 13). El sacramento que vamos a celebrar esta arraigado en la Carta de Santiago (5, 14-15): "¿Está enfermo alguno de vosotros? Haga llamar a los presbíteros de la Iglesia y oren por él, ungiéndole con óleo en el nombre del Señor. La oración de la fe salvará al enfermo y el Señor le restablecerá y le serán perdonados los pecados que hubiere cometido."

Desde el Concilio Vaticano Segundo, llamamos a este el Sacramento de los Enfermos. Pero hay muchos que todavía siguen pensando en él como la "Extremaunción," el nombre por el cual se conocía desde el Siglo Doce. ¡Difícil es desarraigar costumbres antiguas! Aunque este sacramento a menudo se administra en el momento de la muerte, aunque es el sacramento de los moribundos, debemos darnos cuenta de que es también lo que significa su nombre: el sacramento de los enfermos. Por tanto, el tiempo oportuno para recibirlo empieza cuando un cristiano comienza a estar en peligro de muerte por enfermedad o por vejez. En tal caso, esta persona tiene el derecho de pedir y recibir este sacramento. Mediante esta unción, Cristo mismo lo fortalecerá y lo apoyará, el mismo Cristo que siempre mostraba tanta solicitud por el bienestar corporal y espiritual de los que lo rodeaban.

La celebración del sacramento que ustedes están para recibir consiste en varias partes. Primero, habrá la imposición de manos, luego una oración de fe y finalmente la unción misma con óleo bendecido por nuestro obispo durante la Misa Crismal en el día del Jueves Santo. Se les unge primero en la frente y luego en las manos, mientras reza el sacerdote diciendo: "Por esta santa unción y por su bondadosa misericordia, te ayude el Señor con la gracia del Espíritu Santo, para que, libre de tus pecados, te conceda la salvación y te conforte en tu enfermedad."

Este sacramento les otorga la gracia del Espíritu Santo con la cual serán robustecidos contra las tentaciones del enemigo y la angustia de la muerte. Se les dará la gracia que necesitan no sólo para soportar sus sufrimientos con fortaleza, si los hay, sino también para luchar contra ellos. Como consecuencia de la recepción de este sacramento, es posible que se recupere la salud perdida si, en la providencia de Dios, esto se ve como conveniente a su salvación. Este sacramento les concede, si es necesario, el perdón de sus pecados. Sin embargo, si es posible, deben recibir el Sacramento de la Reconciliación y la Sagrada Comunión también.

Debemos meditar en lo que nos enseña nuestra fe, es decir, que los sufrimientos y las enfermedades aunque se cuentan entre los mayores males que turban nuestro espíritu humano, nos dejan unir íntimamente con los padecimientos de nuestro divino Salvador. La enfermedad tiene sentido y valor para ayudarnos a conseguir nuestra salvación. Cristo, que estaba sin pecado, aceptó todos los padecimientos de su pasión y compartió todos nuestros dolores humanos. Sigue padeciendo en nosotros, los miembros de su Cuerpo Místico. Necesitamos oir otra vez las palabras de Pablo: "Ahora me complazco en mis padecimientos por vosotros, y en compensación complete en mi carne lo que falta a las tribulaciones de Cristo por su cuerpo que es la Iglesia, de la que fui hecho ministro" (Colosenses 1, 24-25; cf. Romanos 8, 19-21).

20

Graduation

Let me first express my thanks for the kind invitation you have extended me to speak to you on this auspicious occasion. Let me also extend congratulations to you, the graduates, to your teachers, and to your parents. You have all labored mightily, each in your own way, to reach this moment in your lives which we now seek to commemorate in a fitting way.

We are far from the month of January, yet it might be of interest to take note of the origins of that name. It goes back to the Romans (as you might have guessed) and to their god Janus, who was the god of beginnings. Statues of him had his face on two opposite sides: he faced not just forward but back as well. Since every new year begins with this idea of looking both backward and forward, its first month was named for Janus. Now graduations present just the same kind of opportunity to look both backward and forward, to review the recent past and its achievements, and to anticipate a new beginning, a fresh start, the opening of a new chapter in our lives.

You, of course, are asking yourselves two basic questions. The first is: what am I going to do, what kind of career am I going to go into, what do I want to make of myself and my talents? You can face that important decision knowing that you have received here a good education. A good foundation has been given to you for you to be in a position to make a reality of your dreams. Continue to build on this good foundation. Continue your education, in a formal way if this is possible, but also in an informal way, in your own determination to continue to read, to grow in your knowledge of history, for example, or any number of fields of study that are important in today's world. Whatever you do, don't stop growing in the area of the intellect. Be good thinkers. Associate with those who think that making something of yourself is important.

The second question you should be asking yourselves is: what am I going to be? This is different from what am I going to do. What you are as a person is so much more important, so much more essential in the long run. What you are continues to manifest itself in areas far beyond the area of job or occupation by which we so often define people. Beyond being known as a member of a certain profession, be a person who is known as a good person, a kind and thoughtful person, generous with time and energy in various projects that take you out of yourself into the wider world. Be someone people can trust.

Above all, be a person of faith. You have been given a good grounding in your faith and its teachings, but now you have to live it in this world. Your values, your ideals, your moral code, are going to be challenged every day. It will not be easy for you to stay faithful — to God, to prayer, to Church — or to stand up for your ethical standards, but this is something we are counting on you to do. In the end this will be the yardstick to measure whether the Catholic education so many have labored hard to give you, will have made any difference in your lives.

20

Una Graduación

En primer lugar quisiera agradecerles su amable invitación de hablarles en esta ocasión feliz. Les ofrezco mis felicitaciones más sinceras a ustedes, los graduados, a sus profesores y a sus padres. Todos han contribuído, cada uno a su propia manera, para alcanzar el triunfo de este momento culminante el cual queremos conmemorar de modo apropiado.

Hemos dejado atrás el frío y las nieves de enero; sin embargo pudiera ser interesante notar el origen de ese nombre, enero. Se remonta a la época de los romanos (como pudieran suponer) y a Jano, el dios de los principios. Las estatuas de él eran bifrontes, es decir de dos caras. Por consiguiente, él miraba a la vez hacia adelante y hacia atrás. Puesto que cano año nuevo exige que se examine el pasado y que se anticipen los problemas del futuro, en honor de Jano pusieron el nombre "enero" al primer mes del año. Ahora bien, una graduación nos proporciona el mismo tipo de oportunidad de evaluar el pasado reciente y de anticipar un nuevo principio, la inauguración de un nuevo capítulo de la vida.

Ustedes por supuesto se estarán haciendo dos preguntas básicas. Primero: ¿Qué voy a hacer? ¿Qué carrera voy a escoger? ¿Como voy a usar mis dones naturales? Pueden encararse a esta decisión importante, sabiendo que aquí han recibido una educación muy buena. Se les ha dado un fundamento excelente. Están bien preparados intelectual y espiritualmente para realizar sus sueños. Sigan edificando sobre lo que han recibido. Lleven adelante su educación, de modo formal, si es posible, pero también de manera informal mediante una determinación de seguir leyendo, de aumentar su conocimiento de la historia, por ejemplo, o de otro campo intelectual que tenga importancia en el mundo actual. Sea lo que sea lo que hagan, no dejen de crecer intelectualmente. Sean de los que piensan profunda y lógicamente. Escojan sus amigos de entre los que creen que el hacerse uno mismo es algo de valor.

La segunda pregunta que se deben hacer es ésta: ¿Qué voy a ser? —algo muy distinto de "¿Qué voy a hacer?" El que es como persona, es, en fin de cuentas, mucho más importante, mucho más esencial. El que es como persona sigue manifestandose en todas las esferas de la vida. Muchas veces clasificamos a las personas según su trabajo o su profesión. Que sean ustedes personas conocidas como buenas, amables, atentas a los demás, dispuestas a contribuir generosamente tiempo y esfuerzos a varios proyectos que los saquen de sus preocupaciones personales y egoístas y los envuelvan en intereses mundiales. Sean dignos de confianza.

Sobre todo que sean personas de fe. Se les ha formado en la fe, de acuerdo con sus enseñanzas. Pero ahora tienen que vivir esta fe en el mundo actual. Todos los días se retarán sus valores, sus ideales, sus morales. No les será fácil continuar fieles a Dios, a la oración, a la Iglesia. Les resultará difícil defender sus ideales éticos, pero contamos con ustedes. La manera en que respondan al reto del mundo determinará el juicio que se hará del valor de la educación católica que han recibido, una educación a la cual tantos han contribuido tiempo, dedicación y hasta sacrificios personales.